金国华 谢林君 著

AN ILLUSTRATED
HANDBOOK
OF PROCESS MANAGEMENT

图说流程管理

北京大学出版社
PEKING UNIVERSITY PRESS

图书在版编目(CIP)数据

图说流程管理/金国华,谢林君著. —北京:北京大学出版社,2013.7
ISBN 978-7-301-22667-4

Ⅰ.①图… Ⅱ.①金… ②谢… Ⅲ.①企业-生产流程-生产管理-图解 Ⅳ.①F273-64

中国版本图书馆 CIP 数据核字(2013)第 136809 号

书　　　名	图说流程管理 TUSHUO LIUCHENG GUANLI
著作责任者	金国华　谢林君　著
策 划 编 辑	贾米娜
责 任 编 辑	贾米娜
标 准 书 号	ISBN 978-7-301-22667-4
出 版 发 行	北京大学出版社
地　　　址	北京市海淀区成府路 205 号　100871
网　　　址	http://www.pup.cn
微信公众号	北京大学经管书苑(pupembook)
电 子 邮 箱	编辑部 em@ pup.cn　总编室 zpup@ pup.cn
电　　　话	邮购部 010-62752015　发行部 010-62750672　编辑部 010-62752926
印 刷 者	河北博文科技印务有限公司
经 销 者	新华书店
	730 毫米×1020 毫米　16 开本　13.5 印张　242 千字 2013 年 7 月第 1 版　2024 年 12 月第 7 次印刷
定　　　价	35.00 元

未经许可,不得以任何方式复制或抄袭本书之部分或全部内容。
版权所有,侵权必究
举报电话:010-62752024　电子邮箱:fd@ pup.cn
图书如有印装质量问题,请与出版部联系,电话:010-62756370

推荐序

王玉荣

(中国知名流程管理咨询专家,著有《流程管理》第1版至第4版*)

这本书透着通俗、易读、实用、拿来主义和与工作结合的气息,因此,我这篇推荐序也采取"图说"的风格来轻松写就吧。

有三类朋友问过我:"有没有这样一本关于流程的书?"

第一类,是企业高管,他们觉得企业各个部门之间存在扯皮推诿的现象,流程不能顺畅打通,让客户满意度打了折扣,他们问:"有没有这样一本书,可以让我发给企业中的每个人,让他们都建立起流程的意识?"

第二类,是企业各个部门的中层经理和部门骨干,他们觉得不能只盯着本部门内部的工作,埋头拉车还需要抬头看路,能跳出本部门来看待自己的工作,和

---

* 《流程管理》(第4版)即为《流程革命2.0》。

上级有更多的共同语言,有利于自己的下一步职业晋升发展,他们问:"有没有这样一本书,可以让我从更开阔的视野来理解和改进我的工作?"

第三类,是企业某项工作的牵头人,他们受命把不止一个部门组织起来,牵头完成一项改进/优化/变革,他们问:"有没有这样一本书,可以让我把这个头牵好,干漂亮了给领导交差,把不同的部门牵引到一个共同的方向而不是容忍它们一直意见不一争论不休?"

现在有了,这本书就是《图说流程管理》。

这是一本通俗易读的书。

全书以 160 多幅图为主线,辅以文字解读,您既可以从头开始阅读,也可以翻阅跳读。您既可以花三个小时浏览速读,也可以将其作为常备工具书,需要用时,结合一个具体困惑的问题来查阅引用。

这是一本把书从厚写薄的书。

作者金国华和谢林君这两位 AMT 咨询的同事,具有丰富的流程管理实战咨询经验,他们清楚地知道哪些空洞的概念对企业没有用,哪些核心的理念对企业真正有效,哪些舶来的方法难以在中国落地,哪些实操的工具已经在多家企业实际应用。金国华先生是畅销书《跟我们做流程管理》的作者之一,拿起那本书您能得到专业、系统的体系和方法,但也需要一些阅读的耐心和理论基础,而这本书把厚写薄、浓缩大量经过实践检验的经验再通俗表达,值得您作为《跟我们做流程管理》的姊妹书共同拥有阅读。

这是一本纳入 AMT 咨询"流程管理"书系的书。

AMT 作为国内领先的"管理 + IT"咨询机构,累计出版相关书籍近百种,也许您已经拥有一本或多本 AMT 出版的书籍,那么这本书和它们的关系是什么呢?作为"有远见的领导",您可以在我出版的《流程管理》(第 1 版、第 2 版、第 3 版、第 4 版)中了解流程管理能给企业带来哪些价值,带来哪些最新的管理理念,带来哪些变革/升级与战略落地;作为"会推动的明白人",您在受命组织一个流程管理梳理/优化/重组项目时,可以在陈立云、金国华撰写的《跟我们做流程管理》一书中掌握 Step by Step 的方法论,可以在王玉荣撰写的《流程管理实战案例》中了解很多实战案例;作为关心各类管理工具之间关系的实战型朋友,您可以阅读葛新红等同事撰写的《别让会议控制你》(流程和会议的关系)、《用数据决策》(流程和经营分析报表体系的关系)、《突破成长的困境》(流程和战略、机制、信息化的关系);而这本《图说流程管理》,受众和销量可能是较大的,因为它适合于普遍发放给企业中层经理、骨干、关键员工来进行阅读。

这是一本由您施行拿来主义、和本职工作结合、创造价值的书。

流程，通俗来说，就是跨部门跨岗位工作的流转，作为企业的一员，谁不天天身在一个个跨部门、跨岗位的工作之中，谁不在天天处理跨部门的协调和沟通，谁又不对现有工作和生活中的某个低效率流程有所抱怨和不满，谁又不期待一个更顺畅、更高效、更高满意度、更低运作成本的流程蓝图？

因此，向您推荐这本《图说流程管理》。

王玉荣
2013年2月于上海

Preface

序　就想简单地谈谈流程

2010年出版的《跟我们做流程管理》，因为内容都是由多年在企业推行流程管理实际的工作经验提炼而成的，所以广受企业及业内认可，对我们来说，能给很多人带来价值是最让人高兴的事。

也有不少读者反馈了一个问题：内容太多，文字太多，读不下去。对照一下平时读书的感受也一样，有些书虽是经典，但因为书太厚，文字又多，专业性强，最后半途而废居多。

一本书最终的价值，我们是这样理解的："Value = $\sum$ 读者得到的价值"，而不是"Value = $\sum$ 单本书的假定价值"。一本书自认为写得再好，如果读者难以"下咽"，那么这本书给社会及他人带来的价值是非常有限的。

现在越来越明白"多就是少，少就是多"的道理，所以，在策划这本书的时候，我们就给这本书定下了几个目标：简单、通俗、三小时内可读完。所以，在内容设计上，这本书不会在所有点上都做过多深挖掘，我们就想简单地谈谈流程。

读文不如读图，给理论不如给案例，所以这本书采取了简单明了的"图片+简要说明+案例"的内容架构。每一篇文章都是从图开始，然后进行简要说明，接着就是讲解一些生活中或企业中的案例。这是一个创新，但不知道第一次驾驭得如何，大家也多提提建议，后续版本我们会在内容及形式方面多多完善。

本书内容的创新主要体现在，提出了流程优化需求漏斗管理四步法、流程优化项目管理六步法、流程360度评估优化表、流程优化运作时钟、广义端到端流程管理等方法,并对流程的价值进行了全面翔实的解读。

流程管理是一门实践性极强的科学,虽然我们已经在此领域研究和实践多年,但仍觉得对流程管理的理解及应用是一知半解,而且流程管理也将会随着企业应用的发展及与其他管理工具的融合而不断面临新的课题。我们也希望和广大流程管理从业者保持紧密沟通交流,共同推动流程管理这门管理科学的发展。在阅读本书及工作中遇到任何问题,大家都可以通过邮件等方式与我们交流。

- 金国华的联系方式

QQ&Email:630011134@qq.com

手机:13826152506

博客:http://blog.vsharing.com/tiaozi

微博:http://www.weibo.com/tiaozi

- 可以提供的服务

流程管理全领域咨询服务,包括流程工作规划、流程架构设计与流程清单梳理、流程梳理、流程优化、流程审计、流程管理长效机制搭建等。

面向企业各级员工,提供具有针对性的流程培训。

可以作为企业流程管理专家顾问,提供伴随式咨询服务。

- 谢林君的联系方式

Email:wings_360@foxmail.com

手机:18620721903

博客:http://blog.vsharing.com/brady_xie

对于一部作品而言,内容只是其中一方面,所以,在这里,笔者要特别感谢北京大学出版社的编辑贾米娜女士,她为本书的面世做了大量的编辑及协调工作。

写书是一个非常让人享受的过程,虽然备受煎熬但却很有幸福感,毕竟知识传播出去才会产生力量,哪怕本书只有一种方法能让您受益,那也是价值,而这就是我们的幸福。

金国华 谢林君
2013年2月

Contents

目　录

第一章　为什么需要流程管理 ……………………………………………（1）
为什么需要流程管理 …………………………………………………（1）
流程对企业的作用到底是什么 ………………………………………（3）
流程卓越的组织应该是什么样的 ……………………………………（4）
流程设计好与坏的标准是什么 ………………………………………（5）
流程理论的发展历史 …………………………………………………（7）
流程在企业不同发展阶段呈现什么形态 ……………………………（9）
不同企业对流程工作的要求是否一致 ………………………………（10）
某企业是如何成功导入流程方法的 …………………………………（12）
某企业通过特别设计的笔记本推广流程文化 ………………………（14）
企业应该建立什么样的流程管理架构 ………………………………（15）

第二章　流程管理的价值 …………………………………………………（17）
又高又厚的部门墙，谁来推倒 ………………………………………（17）
战略为何需要流程支撑落地 …………………………………………（19）

董事长的困惑:为何公司执行力这么差 …………………………………… (21)
总经理的困惑:组织调整来调整去为何解决不了问题 …………………… (23)
笔者为何喜欢和信任如家酒店,因为服务可预期 ……………………… (25)
流程帮助麦当劳塑造组织能力 …………………………………………… (26)
流程帮助公司塑造组织能力而不是个人能力 …………………………… (27)
企业价值观为何需要对接到流程才能落地 ……………………………… (29)
流程帮助 AMT 价值观扎实落地 ………………………………………… (30)
某企业风险控制总经理:只有把流程管好,才能真正控制住风险 ……… (31)
如何高效构建流程与风险矩阵 …………………………………………… (32)
某企业通过优化投资流程控制风险 ……………………………………… (33)
沿着流程开展知识管理工作 ……………………………………………… (34)
为何业内都对华为的接待流程赞不绝口 ………………………………… (35)
AMT 接待流程 checklist ………………………………………………… (36)
从一个小实例,看万科物业口碑好的背后 ……………………………… (40)
不同岗位,知识的表现形式应有所不同 ………………………………… (41)
总经理的困惑:如何做管理输出 ………………………………………… (42)
为什么说做 IT 首先要做好流程 ………………………………………… (43)
中小企业先上 IT 还是先做流程梳理 …………………………………… (44)
为什么说流程管理更重要的是转变观念 ………………………………… (45)
战略流程设计相差无几,但战略结果南辕北辙 ………………………… (46)
绩效系统是流程执行的指挥棒 …………………………………………… (47)

第三章　端到端流程管理 ……………………………………………… (48)

为什么要端到端管理流程 ………………………………………………… (48)
广义端到端流程管理 ……………………………………………………… (50)
组织的端到端 ……………………………………………………………… (51)
所有者的端到端 …………………………………………………………… (52)
意识的端到端 ……………………………………………………………… (53)
管理原则的端到端 ………………………………………………………… (54)
目标的端到端 ……………………………………………………………… (55)

某企业客户价值链流程基于部门导向设计目标 ……………… (56)
表格的端到端 ……………… (58)
快捷酒店的评估卡片为何无法完成端到端任务 ……………… (59)
快捷酒店就餐券的非端到端设计 ……………… (60)
新奥燃气小工具包是如何提升端到端服务能力的 ……………… (61)
如家的电热水壶+知识卡片让服务更加端到端 ……………… (62)
会议的端到端 ……………… (63)
资源的端到端 ……………… (64)
从餐厅服务流程体会"随需而变"的端到端(1/7) ……………… (65)
从餐厅服务流程体会"随需而变"的端到端(2/7) ……………… (66)
从餐厅服务流程体会"随需而变"的端到端(3/7) ……………… (67)
从餐厅服务流程体会"随需而变"的端到端(4/7) ……………… (68)
从餐厅服务流程体会"随需而变"的端到端(5/7) ……………… (69)
从餐厅服务流程体会"随需而变"的端到端(6/7) ……………… (70)
从餐厅服务流程体会"随需而变"的端到端(7/7) ……………… (71)
流程的端到端最终由客户需求决定 ……………… (73)

第四章 流程规划与梳理 ……………… (74)

流程管理 PDCA 环 ……………… (74)
流程框架清晰地表达公司是如何完成客户价值的 ……………… (75)
为何需自上而下与自下而上结合做流程规划 ……………… (76)
APQC 标准流程体系 ……………… (78)
流程现状信息调研表 ……………… (79)
到底是先分类还是先分级 ……………… (80)
流程怎么分类,分到什么颗粒度 ……………… (81)
流程怎么分级,分多少层级 ……………… (82)
流程总图形成后,到底有什么价值 ……………… (83)
华为公司的流程总图 ……………… (85)
流程清单 ……………… (86)
我们已有了 ISO 体系,现在是否又要再建一套流程体系 ……………… (87)

如何以流程为主线建立体系文件架构 …………………………… (88)
如何做流程审计 ………………………………………………… (89)
PEMM 流程管理成熟度评估模型 ……………………………… (90)

第五章 流程优化需求漏斗管理四步法 ……………………… (95)

流程优化需求漏斗管理四步法 ………………………………… (95)
通过《流程优化项目申报表》收集需求 ……………………… (97)
通过《流程优化需求收集表》收集需求 ……………………… (99)
通过调研访谈收集需求 ………………………………………… (100)
通过流程研讨会收集需求 ……………………………………… (101)
对需求进行分析,判断需求的价值 …………………………… (102)
评估需求的优先级 ……………………………………………… (103)
对核心需求立项推动 …………………………………………… (105)

第六章 流程优化项目管理六步法 …………………………… (106)

开展流程工作不要总想着"一口吃成个胖子" ……………… (106)
流程优化项目管理六步法 ……………………………………… (108)
如何组建高效的流程优化团队 ………………………………… (109)
翔实的项目计划是成功的保障 ………………………………… (112)
流程文件的建议模板 …………………………………………… (114)
流程常见问题及优化方法表 …………………………………… (117)
流程360度评估优化表 ………………………………………… (119)
你认为会议室管理流程的客户和衡量价值是什么 …………… (121)
这家航空公司的客户满意度调查流程为何无效 ……………… (123)
流程设计原则是判断流程科学性的标尺 ……………………… (125)
电脑领用/归还流程中的清除非增值方法 …………………… (127)
物流公司的流程应如何简化(1/2) …………………………… (128)
物流公司的流程应如何简化(2/2) …………………………… (130)
大型超市增加绿色通道满足了什么需求 ……………………… (131)
整合后的行政办事大厅广受市民欢迎 ………………………… (132)
流程优化不是一味地简化删除,而要综合考虑企业能力 …… (133)

某企业综合运用流程优化方法提升工作效能 ················ (134)
思考题:一个令人愤怒的借条 ······························ (135)
达成共识的优化方案才能落地 ····························· (136)
所有的流程优化尽可能固化到 IT 中 ······················· (137)
如何做好新旧流程切换 ··································· (138)
一个神奇模板:流程优化成果汇报模板 ···················· (139)
如何评估流程优化的效果 ································· (145)
不要闷头做事,要让大家知道流程工作的成果 ············· (147)
流程优化运作时钟 ······································· (149)
流程优化工作的五个坚持 ································· (150)

第七章 端到端流程优化实例:战略执行流程 ················ (151)

企业缺少战略执行的能力 ································· (151)
通过战略研讨会达成战略共识 ····························· (153)
战略研讨会的产出就是公司 OGSM ························ (155)
各部门通过 OGSM 工具分解经营计划 ····················· (157)
各部门制定 OGSM ······································ (159)
经营计划及预算质询会 ··································· (160)
计划与预算的对接 ······································· (162)
制定与经营计划匹配的绩效体系 ··························· (163)
目标分解要保持纵向一致和横向协同 ······················ (164)
从经营计划到运营计划 ··································· (165)
月度运营计划模板 ······································· (166)
月度经营分析会 ··· (167)
季度质询会 ··· (170)
思考题:流程难道就是画流程图 ··························· (171)

第八章 流程与公路 ·· (173)

流程与公路有很多相通之处 ······························· (173)
流程是客观存在的 ······································· (175)
作为用户你也未必了解流程现状 ··························· (176)

流程全景图类似于公路网络图 ……………………………… (177)
流程系统与其他管理要素可整合应用 …………………… (178)
流程图类似于公路线路图 ………………………………… (179)
流程IT化是重要的管理手段 ……………………………… (180)
同样的流程在不同企业呈现不同形态 …………………… (181)
流程如同公路一样需要分类管理 ………………………… (182)
流程设计要满足多个管理目的 …………………………… (183)
每个流程都有名字 ………………………………………… (184)
流程都有起终点 …………………………………………… (185)
流程有节点,公路有路标 ………………………………… (186)
流程与公路都可并行设计 ………………………………… (187)
流程有其上下端 …………………………………………… (188)
流程设计要考虑管理对象 ………………………………… (189)
流程设计要体现管理原则 ………………………………… (190)
流程需要知识 ……………………………………………… (191)
流程设计要考虑负载 ……………………………………… (192)
借助IT系统,流程可以实现自动批量处理 ……………… (193)
流程要设置关键控制点 …………………………………… (194)
流程需要审计 ……………………………………………… (195)
流程要持续优化 …………………………………………… (196)
不能一味BPI,要追求BPR ……………………………… (197)

附录 推荐书籍 ……………………………………………… (198)

后记 流程管理的未来 ……………………………………… (200)

Chapter One

第一章 为什么需要流程管理

为什么需要流程管理

组织运作的黑箱

我们总是对结果很困惑，因为我们从未真正了解过程真相

组织运作的黑箱

只要生活在组织中，不管你是否意识到，我们都经常生活在黑箱中，包括组织的领导者。

- 为什么我们企业部门间的协同那么难？
- 为什么客户总是投诉？
- 为什么我们的成本比竞争对手高那么多？
- 为什么我们的质量问题层出不穷？

……

我们与很多企业一起推进过管理改进工作，发现了一个非常有趣的现象，就是很多员工包括企业高层对企业内部运作并不清楚，这听起来非常荒诞，但这千真万确，而且极为常见。

　　有一次，某企业总经理向我们抱怨他们公司的采购流程效率很差，虽然此事他大会小会一直在强调，但一直没解决。我们把他们的采购业务流程梳理出来，就发现了问题，从采购申请到接收货物竟然经过5个部门45个环节。当我们向企业领导汇报时，他一直很震惊地不断询问旁边的同事，我们企业是这样的吗？得到的回答是肯定的。比如，采购立项要经过10个环节审批，正式招标又经过10个环节，发中标函竟然又重复经过10个环节……之所以发中标函又经过10个环节，是因为企业曾经发生过一些风险，因此文控制度规定所有对外函件，必须经过领导及相关方确认。结果是，虽然由公司高层及相关部门参与的采购决策会讨论通过了供应商的选择，但起草后的函件仍需要各部门会签。这听起来很可笑，但很多企业就是这样运行的。

　　为什么往往领导又很难发现流程效率低的原因呢？因为很多企业流程文件的描述非常简单，往往仅仅描述流程大的阶段，并不会细化到岗位的每一步操作，结果很多事实真相就被掩盖了，就像上面这个企业，对外函件的签收甚至没有在采购流程文件中加以说明。

流程对企业的作用到底是什么

从华盛顿们的思考我们能想到什么？

- "我们能创建什么样的程序，使国家在我们身后仍然能拥有很多优秀的总统？我们希望建立哪一种长治久安的国家？要靠什么原则来建国？国家应该如何运作？我们应该制定什么方针和机制，以便创造我们梦想的国家。"

——1787年美国立宪会议华盛顿们思考的课题

这就是一个公司建立长远竞争力的思考基点，也是机制的本来意义。

- "我们能创建什么样的程序，使公司在我们退休后仍然能拥有很多优秀的各级经理？我们希望建立哪一种基业长青的公司？要靠什么原则来建立公司？公司应该如何运作？我们应该制定什么方针和机制，以便创造我们梦想的公司？"

流程对企业的作用是什么

企业为什么需要流程？这是因为流程是组织从人治到法治转变的重要手段。

从企业发展历程来看，初创的企业管理控制权往往掌握在企业领导者手中，此时企业往往以领导者的个人意志和喜好为主导，即"人治"阶段。但随着企业规模的扩大，人治的管理方式带来决策的随意性，企业风险逐渐增大，比如经常出现投资决策失败的现象，这个时候企业就发现，需要对投资行为制定更为科学的决策方法，比如由老板拍板改为由管理执委会集体决策，由拍脑袋改为使用科学的投资决策报告进行数据决策，这样就能在很大程度上控制住风险。而且，随着组织规模的急剧扩大，比如连锁企业，需要统一管理规范，这是靠一两个领导上传下达无法实现的，这个时候就需要流程替代个人发挥作用。

"法治"是企业发展的必经之路。国家法治的基础是完善的法律体系，企业法治的基础则是完善的企业管理制度。

流程卓越的组织应该是什么样的

流程卓越的组织状态应像一个透明缸体

组织最理想的状态是像一个透明缸体。无论是管理者还是员工都可以非常清楚地知道企业是如何运作的,而且运作要透明,规则要清晰统一。因为透明,所以大家才能有共识,有共识才能形成协力,而且让问题无处可逃。但这个缸体必须有一个锁定机制和解锁机制。组织的各级管理者可以一目了然,但不可以随意插手干扰。当然,一旦发现违规行为或要改进思路,可以进行解锁,打开缸体调整后再锁定。

只有好的过程管理,才会有好的结果,而流程管理就是一门研究过程管理的科学。

流程设计好与坏的标准是什么

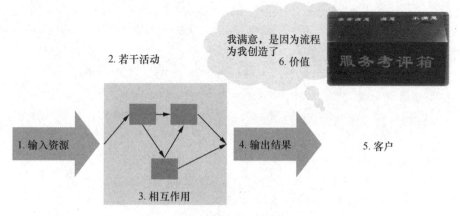

流程设计的六要素

对流程,不同专家有着各自的定义。

迈克尔·哈默认为,业务流程是把一个或多个输入转化为对顾客有价值的输出的活动。

T.H.达文波特认为,业务流程是一系列结构化的可测量的活动集合,并为特定的市场或特定的顾客产生特定的输出。

但在企业内部推广时,还是会有人经常存有疑惑——"我们讨论的这个工作到底是不是流程?"所以我们给出一个不严谨但十分简单易懂的判断标准:(1)是否跨岗位;(2)是否重复发生。只要满足这两个基本条件,都可以称为流程。

生活中,流程无处不在。以消费者在餐厅就餐为例,消费者就是这个餐厅服务流程的客户,消费者提出消费需求就触发了整个流程,与服务员进行沟通点菜后,厨房开始准备,准备完毕后服务员负责上菜,消费者享用完后,要去收银台结账,最后服务员负责清洁。对于每一个顾客,餐厅都是提供同样的服务,都需要多个岗位配合完成,所以这是一个典型的流程。

在如上图所示的餐厅服务流程中,体现了流程设计的六要素。顾客的需求及费用是整个流程的输入,点菜/上菜/用餐/结账/清洁是流程的几个活动,这几个活动之间,每一个餐厅根据自身的经营模式有相对固定的逻辑关系,最后流程的输出是可口的饭菜和优质的服务,而整个餐厅服务流程是否高效,最终由消费者判断。

  流程六要素的核心是价值,即一个流程设计得是否高效,判断标准就是对客户是否产生增值,或者说,客户是否会因此而愿意买单。

第一章 为什么需要流程管理

流程理论的发展历史

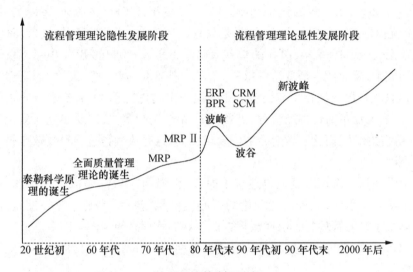

流程理论的发展阶段

流程理论到目前为止经历了以下几个发展阶段:

1911年,"科学管理之父"泰勒《科学管理原理》一书出版,标志着管理理论的诞生。在该书中,"流程"一词虽未出现,但是"方法"、"过程"等概念的出现,被认为是流程管理的隐形萌芽。

20世纪60年代,美国人费根鲍姆提出全面质量管理理论。美国人戴明在日本成功推行全面质量控制方法,从而实现对质量控制流程的优化。此时,流程管理技术更多的是围绕企业的某一活动的整个过程展开,或者说是质量视角的流程管理。

20世纪70年代,美国专家欧·威特、乔·伯劳士开发出 MRP 系统;80年代,实现业务与财务数据集成的 MRP Ⅱ 开始运行;1991年,加特纳公司提出 ERP 概念。信息技术在管理领域应用的逐渐加强,为流程的彻底改善提供了可能,使基于流程的管理思想得到发展。

1990年,哈默第一次提出业务流程再造的思想。哈默指出,现在常用的工作流程大多根据以往经验和理念发展而成,已经过于古老,许多流程没有存在的价值，如果要真正利用IT，就要重新设计流程，这就是BPR。BPR强调以"流程导向"替代"职能导向"，强调对组织进行激进式变革，为组织管理提供了一个全新的视角。

然而，随着越来越多流程再造项目的失败，人们慢慢认识到，业务流程再造理论会给企业带来灾难性的风险。1993年，麦肯锡咨询公司率先对流程再造提出质疑，其对20个流程再造项目进行调查，结果显示，成功的只有10%，有一定成效的占30%，而失败的比例达到60%。钱皮担任CEO的CSC Index公司对100个流程再造项目进行调查，结果是只有33%的企业取得了较好效果，而67%无效甚至失败。1995年，BPR的奠基人哈默也承认：70%的BPR项目不仅未取得预期成果，反而使事情变得更糟糕。"革命性变化过热，把'人'的因素遗漏在外"，而且流程再造项目一般会对企业的组织架构进行重组，需要进行职责的再定位，需要设计革命性的新流程，需要对IT系统进行重构，需要建立与新流程能力相匹配的团队，而这一切对企业的要求极高，这是流程再造项目失败率极高的重要原因。

哈默在第一次提出流程再造理论时，一再强调"再造"是流程理论的核心。但后来哈默也承认，流程再造理论的核心应该是"流程"本身。波谷过后，流程管理体系主导的管理思想取代流程再造主导的管理思想走向了前台。

现在，流程管理理论已经处于高速发展期，和其他管理工具也在不断地融合创新中。

流程在企业不同发展阶段呈现什么形态

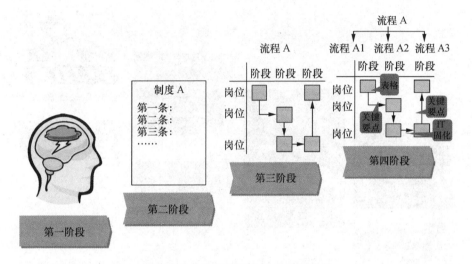

流程在企业不同发展阶段呈现的形态

流程在企业不同发展阶段呈现不同的形态,可以分为四个阶段。

第一阶段,流程仅仅存在于员工的脑袋中。这个阶段的流程不利于知识传播和积累,员工只能通过言传身教或在不断的挫折中获取知识。组织绩效取决于个人能力,经常会出现在部门变换不同管理人员时,因管理风格及管理者个人能力的差异,部门运作发生非常大的变化,部门绩效也随之变化。

第二阶段,流程的文件形式为制度,流程开始以书面的形式出现,但更多以各部门出规定章为主。由于制度描写过于粗放,绝大多数仅仅描述部门的职责,同时岗位间的工作逻辑关系也不够清晰。这个阶段,部门墙又高又厚,部门利益导向严重,经常发生扯皮现象,而且大家扯皮讨论的焦点往往围绕"高、大、空"的部门职责定位,所以往往最终并未能真正解决工作协同问题。

第三阶段,流程用跨职能流程图的形式描述,这种表现方式可以体现岗位间工作的逻辑性。

第四阶段,小流程逐渐合并为大流程,短流程逐渐合并为长流程,流程分类分级实现精细化管理,而且流程节点的知识被梳理出来,流程开始有了记忆。

不同企业对流程工作的要求是否一致

企业在不同发展阶段对流程有着不一样的需求

企业的不同发展阶段对流程管理的需求是不一样的,以餐厅为例。

在夫妻店阶段,餐馆包含的工作内容极少,一个人负责买菜、炒菜,一个人负责端菜、收银即可。此时,餐馆的管理幅度小,分工明确,不需要专门进行流程管理。

当夫妻店发展成为一个颇具规模的餐厅后,需要更多的工作:迎宾、营销策划、菜式选择、消费者行为研究等。此时,餐馆的工作需要进一步专业化分工,因此需要专门的组织进行支撑。当组织管理幅度加大时,开始需要流程来对餐馆的日常工作进行指导与管理,服务质量需要标准化流程进行保证。

一旦以连锁店的形式扩展规模,很显然,管理的复杂度及地理因素使得老板不可能再靠简单的言传身教及上传下达来管理了。而且此时,日常运营就不仅仅围绕单一餐厅做简单的营销、采购、服务等工作,更需要从连锁经营的层面来考虑经营计划、品牌推广、营销计划、服务质量等工作,企业运作开始需要大量规范的、标准的、可监控的、可复制的流程体系作为支撑。

而当一个连锁品牌面临品牌重塑时,该品牌面临的是客户群体的变化、战略的重新制定、产品定位的改变、业务模式的改变和内部组织架构的调整,此时,企业需要的是一个能够体现新战略导向且更能体现核心竞争力的流程体系。

某企业是如何成功导入流程方法的

某公司管理层流程变革读书会现场

很多企业都已经认识到在企业内部形成统一的流程意识非常重要,但如何推行呢?

当然,企业面向行动长期开展流程优化项目对流程意识的形成及夯实非常重要,否则仅仅靠宣传口号效果甚微。笔者这里想介绍某企业导入流程理念的方法,值得其他企业借鉴。

某企业总经理接触流程管理方法后,深感其对企业管理的重要性,所以总经理决定首先要让所有的中高层具备流程意识。该总经理并不像其他企业的管理者那样仅仅通过会议要求所有中高层学习,因为他知道:"现在社会太浮躁,再加上平时工作也忙,没有几个人真正肯花时间把一本书完整读完,更别说理解了。"所以,后来他邀请笔者作为专家评委参加他们的读书会,效果奇佳,上图中所展示的正是该企业高层流程变革读书会的现场。

步骤1:总经理要求所有中高层提前一周时间把所有工作安排好,然后把大家集中在一个远离市区相对偏远的五星级酒店,就是要让大家在完全放松、隔绝的环境下,全心投入新管理方法的学习。

步骤2:头两天,所有中高层集中时间专门研读两本书:《流程革命2.0》与《给战略执行三把降落伞》。

步骤3：接下来的三天，分六个小组，对《流程革命2.0》逐个章节PK分享。要求每一个小组根据对每一个章节知识的理解，做汇报PPT，而且一定要结合实际工作。值得其他企业学习的是，每个小组在准备时都非常努力，几乎每个小组每天都讨论到凌晨2—3点才结束，这和很多企业培训的同时有放松和旅游的情况截然不同。每个小组分享完，其他各小组可以质询，然后总经理和笔者做一些点评，同时也是对知识概念的简要梳理和深化，最后每个小组分别打分。这里特别要说明的是，该总经理为了准备这个读书会，已经提前几天把《流程革命2.0》这本书研读了几遍，在书中勾画及注明了很多个人的理解，所以总经理对流程的理解非常透彻。而且在此过程中，总经理还设置了几个总裁大奖，就一些关键问题对各小组的解答进行评奖。

步骤4：接下来的一天时间，按同样的方法分享《给战略执行三把降落伞》。流程与战略的进一步结合学习，有利于加深对流程在整个企业管理架构中定位的理解，有利于更好地利用这个管理工具。

步骤5：各小组再次交流，谈谈接下来如何应用和推广这个管理工具，然后进行颁奖。

这是笔者多年从事流程管理推广工作以来，唯一一次以这种形式开展的导入方法，但也是最成功的一次，成效出乎笔者的预料，甚至笔者从来没想到第一次接触流程管理的这个企业的中高层竟然能理解得如此之深。

后来，笔者有幸为该企业提供过管理咨询服务，在整个调研访谈过程中，我发现流程的理念已经完全渗入到中高层的管理意识中，很多中高层在谈及问题时，不时地结合当初学习到的一些理念和方法，而且很多工作也在推行，这真是令笔者震惊。这是笔者多年来见过的学习能力最强的企业，让笔者受益匪浅。

笔者非常推荐其他企业也这样做，但笔者深知此种方式对企业的要求也是非常高的。首先，企业高层一定要亲自参与并全力以赴，而且有魄力投入资源做这件事情。但这恰恰是最难的，很多企业高层总是希望下属学习新的管理方法，但自己却从来不学习。

笔者想起韦尔奇在通用公司推广六西格玛的故事，公司总经理的态度和投入决定了一个企业的学习能力和最终成效。

某企业通过特别设计的笔记本推广流程文化

某企业所设计的用于流程文化推广的笔记本

有一些公司非常善于流程文化的塑造。比如,它们在开展流程项目时,会印制很多笔记本发给所有参与项目的员工。

如上图所示,笔记本的封面上,有项目 Logo 及项目名称,在笔记本的扉页上会有项目背景、项目计划,并邀请公司高层写一两句话。

笔者觉得这种形式比单纯地在公司 OA 上登载一些流程文章有效得多。这种形式有几个优势:

- 因为和具体工作相结合,所以更利于流程概念深入人心。
- 各部门都会有员工参与流程工作,所以笔记本是一个非常好的宣传载体,可以在企业内部营造很好的竞争氛围,一个带有项目 Logo 的笔记本是一种荣耀。
- 笔记本的封面和扉页内容,又可以宣传具体流程项目,并且可以时时刻刻体现公司领导对流程工作的重视度。

企业应该建立什么样的流程管理架构

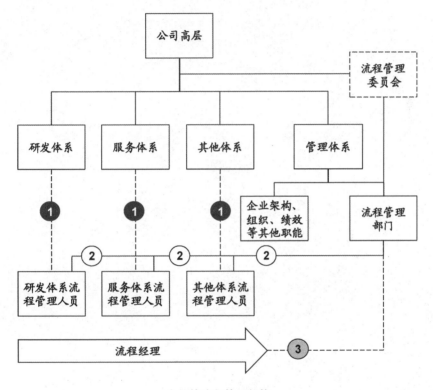

企业的流程管理架构

企业的流程管理架构一般由以下几部分组成。

流程管理委员会：一般由公司高层管理人员及各体系负责人组成，主要负责流程框架管理及审批端到端流程，处理流程争议。

流程管理部门：负责公司整个流程体系的规划、运行、维护及持续改进，负责流程项目的策划及组织推进。

体系流程管理人员：对某一体系的流程建设负责。但对体系流程管理人员的定位，不同公司及同一个公司不同发展阶段可能有不同的管理方式。如果公司还没有流程管理部门，体系流程管理人员会直属于各体系管理，当然此岗位不一定是专职,而且也不一定叫流程管理员。如果企业存在流程管理部门,则有些企业把各体系流程管理人员直接纳入流程管理部门管理,但这些人员可以在各体系办公,并接受各体系的监督和部分考核,这时,体系流程管理人员是作为流程管理部门派驻在各体系的客户经理角色出现的。有些企业虽然有流程管理部门,不过体系流程管理人员仍归本体系直接管理,但接受流程管理部门的专业指导。

流程经理:归各部门管理,但接受流程管理部门的专业指导。

Chapter Two

第二章 流程管理的价值

又高又厚的部门墙,谁来推倒

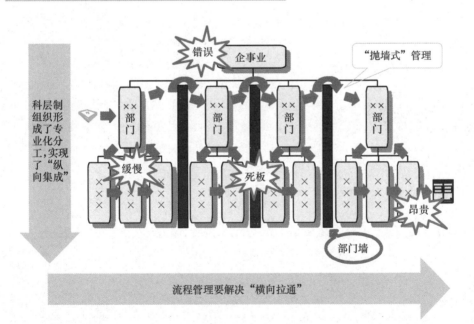

企业中常见的"部门墙"与"抛墙式"管理

组织架构的设计首先基于科层制结构,将企业中工作性质相同及相似的工作集合在一起形成岗位,再将岗位集合成部门。这种做法的好处在于通过专业化分工,极大地提高了运作效率,控制了风险。

但科层制割裂了流程,所以导致部门间协同差,部门墙又高又厚,缺乏客户导向。

企业经常发生被称为"抛墙式"管理的现象:当一个部门接收到客户需求时,从本部门利益出发应对,然后把工作结果或难题抛到另外一个部门,当不同部门之间出现冲突时,客户的需求会在不同部门间被不停地抛来抛去,而完全不顾及客户的需求,最后伤害的往往是客户与公司利益。

作为消费者,比如我们去天猫(Tmall.com)上买东西,并不关心阿里巴巴集团内部的组织架构设计,也不关心阿里巴巴和银联是如何合作的,我们只关心整个交易的过程是否快速、方便、稳定、安全和超出预期,这就是流程管理需要解决的问题。流程管理可以解决横向拉通的问题,推倒部门墙,提高组织协同力。

战略为何需要流程支撑落地

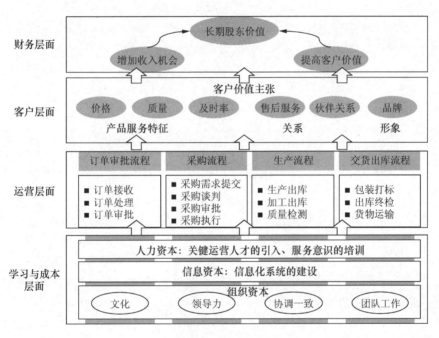

战略通过流程支撑落地

案例背景： 国内某知名物流服务提供商，一直为某企业提供大约60%的物流外包服务，其他40%由国内其他三家物流服务提供商分担。但有一年在签订年度物流服务外包合同时，这一家物流服务提供商仅仅获得40%的份额。经沟通发现，新的外包份额分配标准改为通过第三方调查机构对服务终端满意度调查得分配比，而在该年度客户满意度评估中，该物流服务提供商的满意度得分较低。

一般企业的做法： 通过大会小会在企业内部强调对终端服务质量的提升的重要性，但最终一直未能有效改善。

流程助力战略的做法： 分析客户满意度的评估标准，如时效、价格、质量等。竞争对手平均配送时间为8小时，而该企业的配送时间约为12小时。那么该企业应该成立流程优化小组，从客户价值链端到端流程出发进行时效现状分析，制订优化方案，并持续跟踪时效指标直至改善到位。

流程管理是对过程的管理，只有流程发生了针对性改善，才有可能使结果得以改善。

董事长的困惑：为何公司执行力这么差

一般企业做法：宣传和强调	推荐做法：战略举措落实到流程及动作上
战略思想宣传 ＋ 大会小会宣贯 ＋ 结果考核	<table><tr><td rowspan="2">客户名称</td><td rowspan="2">门店</td><td>产品系列</td><td>产品编码</td><td>展示形式</td><td>展示面积(M²)</td><td>模拟间数量</td></tr><tr><td colspan="5"></td></tr><tr><td rowspan="5">展示情况</td><td>1</td><td colspan="5"></td></tr><tr><td>2</td><td colspan="5"></td></tr><tr><td>3</td><td colspan="5"></td></tr><tr><td>4</td><td colspan="5"></td></tr><tr><td>……</td><td colspan="5"></td></tr><tr><td colspan="2">总计</td><td colspan="5"></td></tr></table> 备注： 1. 业务员每天晚上在拜访客户后填写本表格 2. 销售管理专员每月对门店展示数据进行汇总统计 3. 各业务员对统计数据进行销售分析，并于月例会上进行展示情况汇报及进一步改进方案讨论

某企业的战略举措落地实例与推荐做法

上图的左边是一个企业某战略举措落地的实例。

有一次，某企业董事长向我说出了他的困惑："公司执行力非常差。"

我问："能否举一个例子？"

董事长说："比如我们在新产品推广方面就存在很多执行问题。有一次，我去湖南考察，发现有一些战略新产品已经发布两个月了，竟然在终端展厅中未发现模拟间。很多新产品因为销售效果不好最后被迫下架，但实际情况是，有些产品可能本身没有问题，但在终端展示环节出现了问题，有些产品甚至终端还未来得及了解就已经被厂家下架了。我们这个行业比较特殊，消费者单看产品本身往往无法想象最终的装修效果，所以一些重点新产品推广都需要在终端做模拟间。这样，消费者看到模拟间的效果，就可以直接选择和搭配相对应的产品了。所以，终端模拟间是否能够及时上样及模拟间的比例，往往对于该产品的销售非常重要。"

我说:"既然模拟间结构对于销售结构及新品推广如此重要,那现在我们是如何控制的呢?"

董事长说:"这个就要靠销售团队不断强调了。有一些经验丰富的销售人员比较重视,效果就好,有一些销售人员经验不足,对这个关注不够,效果就比较差。"

至此,我明白了董事长的困惑所在。这不是特例,很多企业都存在类似的现象。公司高层管理者总是高估自己的权威,总认为自己的要求会被各部门自动、高效地彻底执行,实际情况则恰恰相反,如果公司高层的要求没有被最终转变为对一线执行团队的动作要求,一切往往事与愿违。

后来,我们与该企业合作设计的全新的销售人员拜访标准流程彻底解决了这个问题。我们设计了销售人员拜访表,销售人员在拜访完客户后,都需要填写拜访表,并提交给销售管理部相关监控岗位。拜访表中有一项要求,销售人员必须对客户终端展示情况进行数据统计,比如终端展示产品信息、展示面积、模拟间数量等,然后销售管理部会汇总全国终端展示情况,并在月度经营分析会上讨论和提出具有针对性的改善计划。

总经理的困惑：组织调整来调整去为何解决不了问题

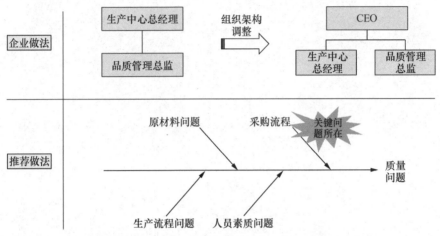

图2-4 某企业产品质量改进的实例做法与推荐做法

某企业近几年产品质量不断下降，客户投诉日益增多。所以，该企业高层开会讨论如何提升公司的产品质量，重塑客户信心。

经过多次讨论，大家的焦点最后落在品质管理职能的独立性上。因为该企业品质管理职能目前放在生产管理体系中，所以，如上图中"企业做法"所示，大家一致认为，首先要保证品质管理职能与生产职能的分离，否则自己生产自己做品质检验，肯定会存在问题。所以，最后该企业决定品质部门从生产体系中独立出来。然而，经过一年的运行，公司产品质量并没有得到好转，客户投诉反而更加厉害。

我问品质管理部总监："组织调整后，有没有做其他具体的改善工作？"

他非常生气地说："就一个组织调整通知。我连为什么做这个调整都不清楚就被调整了。调整后虽说直属于总经理管，但他那么忙哪有时间讨论这些事情。"

"如果仅仅调整组织职责，但在运作方面没有任何调整的话，品质肯定不会有什么变化。"我接着说，"正确的做法应该是：首先要按照质量问题的类别进行数据分析，找到最核心的几个质量问题，然后分析每一个质量问题形成的原因。比如，有可能通过分析发现今年质量最大的波动可能是原料的原因。那正确的解决方法应该是优化原料进检流程，梳理和重新调整某一原料的检验标准及检验频率，直至产品质量稳定。而这与组织职责调整并没有直接关系。"

笔者为何喜欢和信任如家酒店，因为服务可预期

如家酒店的房间布置

经常在外地出差，快捷商务酒店中笔者最喜欢如家。一是因为它们的房间布置得非常温馨，更关键的是笔者无论预定全国哪一分店，我对自己即将得到的服务都是可预期的。

为什么可预期很重要呢？笔者给大家讲讲曾经发生在笔者身上的一次不可预期的遭遇。

有一次在外地出差，临时需要住下，但附近的几家如家酒店已经没有房间了。无奈之下，笔者住进了一个价格其实并不比如家低的当地商务酒店。

走进房间，发现房间的墙皮已经脱落得很厉害，而且味道非常大。笔者想上网，但发现网线根本就不通。想看电视，发现就是一片绿屏，完全没有信号。去厕所，发现厕所里的灯已经坏了，黑漆漆地，后来发现马桶比拖拉机还响。想上床休息，发现床铺也不是很干净，床单皱巴巴的。实在生气，抓起电话想投诉，发现电话没声音……

这是一个极端的例子，但正是这次强烈的对比，让笔者更加深刻地理解自己为什么喜欢和信任如家，或者说促使笔者思考为何如家可以提供给客户可预期的服务。笔者闭上眼都可以想象出，任何一家如家的洗手间大概是怎么样的，床铺是什么颜色甚至花型的，书桌是如何摆放的，等等。

这背后应该就是标准化的功劳，是流程的魅力。

流程帮助麦当劳塑造组织能力

麦当劳的组织能力由流程打造

　　麦当劳通过将食品种类减少，由原来采购最基础的原料到由供应商直接供应浅炸过的薯条等半成品，并且麦当劳还开发出了针对某类产品的专用食品制作设备和机器，使得食品制作过程标准化、程序化和高效化。

　　麦当劳通过品种选择、厨具革新、工艺改进和流程重组，减少了对专有技术人才的需求。只要通过高效的培训机制，临时工在短期内即可培训为合格人才，这就保证了麦当劳可快速扩张。

　　麦当劳效率的关键因素到底是流程能力还是人员能力呢？

流程帮助公司塑造组织能力而不是个人能力

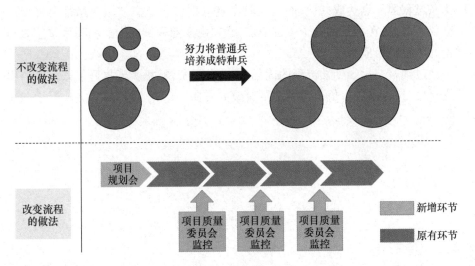

流程帮助公司塑造组织能力而不是个人能力

国内某 IT 服务咨询公司,近年来业务高速增长,但随着订单的暴涨,项目交付能力成为瓶颈。所以,公司召集各部门代表讨论如何提高售后交付能力。

某部门负责人说:"现在公司很多项目在交付的过程中遇到一些问题,主要是因为业务增长快,项目多,但有经验的实施顾问不足。"

另外一个部门负责人说:"现在实施顾问能力不足,还与我们公司的培训体系有关。目前的培训体系还是大课比较多,缺乏规划,而且以讲授为主。我建议,公司针对实施顾问开发新的课程体系,以案例演练的模式开展技能训练。"

大家讨论得热火朝天……但所说的都是锻炼个人能力的做法。

最后,公司董事长说:"大家讨论得非常对,我也看到了目前公司存在的核心问题,比如公司可担当项目经理的实施顾问缺乏及人才培养方面都需要改进。但是,大家如果想通过培训手段解决目前面临的问题,这种解决思路是不对的。这种思路就是希望我们每一个实施顾问都是特种兵,这种愿望当然是好的,而且的确也能解决问题,但这是不切实际的。通过培训提高实施顾问的技能是必要的,但这解决不了短期内的问题,而且也永远无法把每一个人都培养成特种兵。

所以,我们的解决方案不能完全依赖于人。我们要通过优化运营模式来解决这个问题,在现在人员结构不做任何调整的情况下,我们是否能实现90%的项目质量在可控的范围内,如果能做到,这就是成功。"

最终,这个公司优化了项目交付端到端流程,其中有几个核心优化:推行严格的项目总监制,每一个项目必须任命一个项目总监,在项目启动前,必须召开项目规划会,项目规划会必须对项目的整体思路和方法、具体的工作计划、最终产出及过程风险点达成共识,而且经验丰富的项目总监和领域专家都会参加这个会议。另外,在项目的几个关键节点,必须由专业领域的专家和项目总监参与讨论并审批项目成果。

通过项目交付端到端流程的优化,整合公司资源,极大地提升了该公司的项目交付质量,专家的价值也得到了更有效的发挥。

企业价值观为何需要对接到流程才能落地

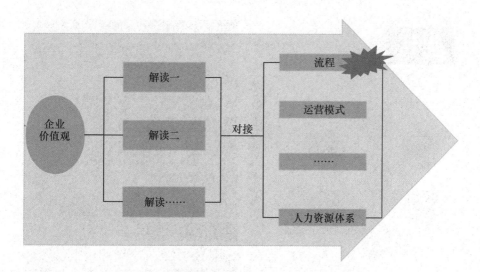

企业价值观需要对接到流程才能落地

某公司一直强调"客户导向",但客户投诉不断增多。

老板说:"我大会小会一直强调要关注客户,为何我们还是让客户如此不满意?为什么出现质量问题,我们总是拖延甚至拒绝承认是我们的问题?"

我对老板说:"我们一起看看你们现在的客户服务流程。"

经研究,发现流程的设计存在很多问题,为了回避责任,各部门都在扯皮,营销部门说这是生产部门的问题,生产部门说这是研发部门的问题,研发部门说这是生产部门的问题。很多客户投诉处理,因为内部扯皮,经常导致流程拖延一个月以上,甚至在折腾客户后告诉客户让他自己承担。

最后,经过讨论,对该公司的客户投诉处理流程做了调整:先由质量部门判定问题的性质,如果的确为公司产品质量问题,直接由营销中心按"先行赔付"原则执行,然后再进行内部部门责任判定。流程优化后,因为产品质量处理问题导致的投诉急剧下降。

所以,企业价值观不是简单的口号,而应该把价值观的要求、对其的解读体现到对应的流程中,这样价值观才能真正落地。

流程帮助 AMT 价值观扎实落地

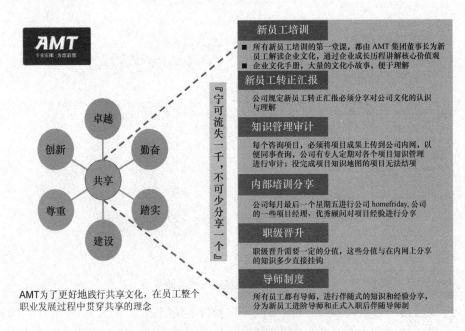

流程帮助 AMT 价值观扎实落地

国内领先的"管理+IT"咨询公司 AMT 集团的价值观中,"共享"是核心,但是这个价值观并非停留在口号宣传上,而是将一系列能够体现"共享"导向的动作,分解入企业各个流程中,从而实现对员工价值观的灌输。

新员工入职时,AMT 董事长将亲自向员工讲述企业成长历史以及核心价值观的形成,并且在新员工转正汇报时,必须谈及对公司价值观的认识和理解。

员工职级晋升评审时,一个重要的指标就是在内外网上做了多少知识分享。

项目关闭报销时,内部知识经理首先要审核项目的知识地图是否已经完成并上传到内部知识共享平台上。

某企业风险控制总经理:只有把流程管好,才能真正控制住风险

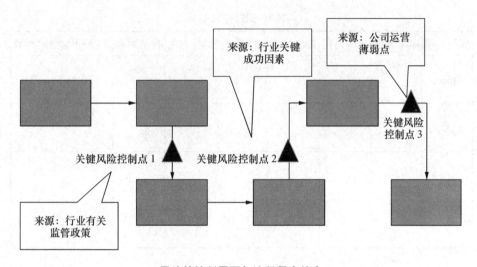

风险的控制需要与流程紧密结合

某企业分管风险控制的负责人这样告诉我:"我负责风险管控工作多年,我的经验是要想做好风险管控工作,必须做好流程管理。流程设计好,无论是谁操作,最后结果都一样,而且可控。即使出现了风险,一般也是可控的或者非人为因素。"

我们都知道,流程是实现结果的关键,流程管理是对经营过程的管理,是保证企业经营成果顺利实现的关键。而风险管控,本质上是对企业运作过程中可能产生的一些风险点进行控制,这种控制属于过程控制,需要与流程管理进行紧密结合。

由于不同的风险来自企业内外部的方方面面,影响程度、影响范围各不相同,因此,风险管控首先要根据风险点的性质及影响度进行分门别类,以便制定相应的管控措施。

如何高效构建流程与风险矩阵

流程-风险矩阵表

流程名称	风险类别	风险描述	控制目标	岗位名称	监控方法	控制频率	影响程度	风险等级
流程1								
流程2								
流程3								
……								

介绍一个非常好的风险管控工具——《流程-风险矩阵表》。

- **流程名称**：按照流程等级逐级展开。
- **风险类别**：根据风险管控的性质进行分类，比如是行业监管要求，还是公司运营薄弱点，风险分类有利于设计有针对性的监控方法。
- **风险描述**：对风险本身的详细描述。
- **控制目标**：明确风险点控制目标，作为监控指标。
- **岗位名称**：明确与风险点相关的岗位是非常必要的，这有利于明确风险产生的具体过程，过程控制住才能避免风险的发生。
- **监控方法**：针对各类风险点，设计有针对性的监控方式，如有一些风险采取多级审核制，有一些则采取岗位分离的方法。
- **控制频率**：根据风险大小，比如有一些重大风险点采取内部第三方作为流程的其中一个环节，按单监控，而有一些风险点则采取事后定期抽检的方式。
- **影响程度**：一旦发生风险，对企业造成的影响是什么？
- **风险等级**：根据风险的破坏性进行等级划分，以便进行分级管控。

某企业通过优化投资流程控制风险

项目投资审批流程

老板个人决策 ＋ 拍脑袋　　　管理执行委员会集体决策 ＋ 项目投资分析报告

项目投资审批流程优化实例

很多快速成长型企业,项目投资工作存在老板"拍脑袋"的现象,往往会存在很多风险,所以在吸取教训的基础上,有些企业开始调整项目投资审批流程。

一是由老板个人决策,变为管理执行委员会集体决策;

二是由原来"拍脑袋",变更为由战略部门与财务部门进行前期调研,编制项目投资分析报告,然后进行科学决策;

三是投资分析报告的精细化,把在过往投资过程中存在的风险点及关键点,固化到投资分析报告中,以提高决策的全面性和准确性。

通过流程的改变,企业极大地降低了项目投资风险。

沿着流程开展知识管理工作

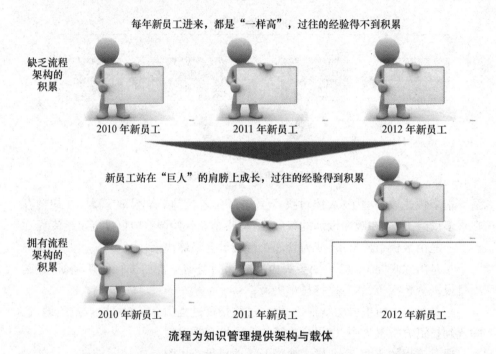

流程为知识管理提供架构与载体

　　有一些企业没有流程，或者有流程文件但流程文件描述得非常简单，更多的是描述不同部门之间的职责分工。而有些企业的流程文件，还包括各个节点上的知识。

　　第一类企业的员工，所有的知识都在员工脑袋里面，新员工都是从挫折中成长的，然后随着人员的流失，知识也随之流失。而第二类企业，即使是新进员工也可以站在前辈积累的知识架构上，从而实现企业知识和能力的快速复制及传承。

　　流程为知识管理提供了架构与载体。

为何业内都对华为的接待流程赞不绝口

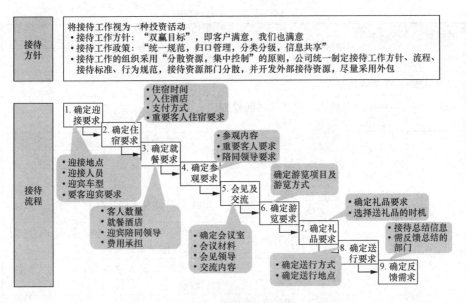

华为的接待流程

很多企业的客户接待流程非常简单,甚至直接就是对招待费用的管理。其实,接待流程非常重要,关系到公司形象,同时亦可有力地支撑业务。

华为的接待流程非常多,不同的部门、不同的接待对象、不同的接待目的,都有非常详尽的操作指引。很多客户参观后,都对接待人员的着装、礼仪和服务水准赞不绝口,例如30分钟后你的合照出现在产品介绍的会议室里。

所以,我们可以想象,如果一个新员工进入华为的客户接待岗,通过培训及详尽的操作手册,很短时间内即可掌握全面、严谨和优秀的接待原则及方法,这都是流程精细化带来的好处。相反,一个在一般企业工作超过十年的接待岗,对接待工作本质的把握、对工作原则的理解、对操作的精细化等方面,可能还不如在华为接待岗位一年的员工,这就是流程与知识管理结合的作用。

AMT 接待流程 checklist

AMT 接待流程 checklist

时间要求	流程环节	检查内容	注意事项
用途:用于到公司拜访的客户接待,让客户对公司留下良好印象,促进业务签单。			
流程阶段一:接待确认			
至少提前2天	确认客户信息	确认客户到访时间段/人数/单位/职务	找客户负责人确认
至少提前2天	确认方案	是否有车辆要求	找客户负责人确认时间/人数/目的地
		是否需要提供地图指示	
		是否需投影仪	
		是否需要水果/茶点/瓶装水/鲜花	找客户负责人确认标准
		是否有住宿要求	找客户负责人确认标准/地点/房间数/入住时间的要求
		是否有用餐需求	找客户负责人确认标准/桌数/菜品/地点
		是否需要照相机或摄像机	
		是否需要话筒/音响(备选)	
		是否需要录音笔	
		是否需要白板	
		是否需要消毒湿毛巾	
		是否需要预定车票/机票	找客户负责人确认人数/时间/目的地/座位要求/车次或航空公司要求
		是否需要制作席位卡	找客户负责人确认姓名/职务
		是否有礼品要求	找客户负责人确认标准/份数/种类
		是否确认欢迎牌内容(备选)	找客户负责人确认欢迎牌内容,欢迎牌可用2张A4红纸拼贴
		是否派发公司资料	找客户负责人确认需哪类资料/份数,必要时提醒公司都有哪些资料

(续表)

时间要求	流程环节	检查内容	注意事项
流程阶段二：接待准备			
至少提前1天	接待准备	方案中缺少的东西是否已采购	到超市购买质量上乘的水果，种类不要过多，可以优先考虑剥皮即吃的水果
		会议室是否预定	将已预订会议信息贴至预订会议室门上
		会议预订信息是否完好	防止被误占用
		会议室照明设备是否完好	及时找物业修理
		空调是否正常运行	及时找物业修理
		是否准备了一台备用电脑	1. 电脑经IT现场检查能使用并功能齐全 2. 电脑的桌面要整洁，最好使用含有AMT Logo的桌面，不要设置屏幕保护
		名牌是否已制作	
		会议所需资料是否已准备	用公司的手提袋装好，另准备几份同样的资料供备用
		礼品是否准备好	与客户负责人确认，并确定给客户的方式
		照相机/摄像机/音响和话筒/投影仪/录音笔是否准备好	检查是否能正常使用
		白板是否已准备	与客户负责人确认摆在合适的位置
		消毒湿毛巾是否已准备	毛巾需洗净消毒
		车辆是否安排妥当	与客户负责人确认时间及目的地
		车票/机票是否已预定	将预定的车票/机票信息与客户负责人确认
		住宿是否已预定	1. 将酒店名称/地址/联系电话/路线图/价格/预定人姓名/预订房间数/入住时间与客户负责人确认 2. 在城市旺季或有重大活动的时间，需亲自到酒店确认
		用餐是否已预定	将酒店名称/地址/联系电话/路线图/价格标准/预定人姓名/菜单/包间名称与客户负责人确认

(续表)

时间要求	流程环节	检查内容	注意事项
会晤前2小时	会议室准备	会议室空气是否清新	打开门窗,保持通风
		公司整体环境是否整洁	最好先用目光检查是否有污垢
		座椅是否完好/整洁/够用	1. 座椅数量是否与参会人数一致 2. 另准备备用椅子两把,以备有临时参加人员;椅子间距应能容纳一个人走动
		会议桌是否整洁	1. 白板笔(红、黑、蓝)、白板擦、签字笔、圆珠笔、铅笔,并都能正常书写,笔、备用电池整齐地放在笔筒里 2. 笔筒、A4白纸数张、报事贴、盒装抽纸摆在桌子中央
		接线板是否完好/够用	按照会议人数准备足够数量的接线板,并确保每个接线板都能正常使用
		白板是否干净	需擦拭干净
		投影仪是否调试	1. 将投影仪摆放在桌子中央,与电脑保持连接,调节焦距、清晰度、水平位、梯度,预备挡光板或白纸 2. 调试投影的时候用白纸或挡光板把多余部分遮挡起来以确保客户坐的地方不被投影光刺到眼睛
		音响和话筒的调试是否一切正常	试音,调整合适音量
		会议资料是否摆放好	放在每个客户座位桌子的正前方10厘米处,成一条线,所有资料应放在AMT资料夹中
		消毒湿毛巾是否摆放好	摆在每个位置左手边10厘米处
		名牌是否摆放好	1. 放在每个客户座位桌子的正前方40厘米处,成一条线 2. 职务高的人的名牌应放在桌子中央,其他依职位高低依次向两边排序
		水果/茶点是否摆放好	水果/茶点摆在两个客人之间

(续表)

时间要求	流程环节	检查内容	注意事项
会晤前半小时	会议室检查	确认到达时间	和客户负责人随时保持联系
		空调是否打开	关好门窗,打开空调,并确保调节到最适宜温度
		茶水是否准备好	1. 茶包(重要客人需准备盒装茶叶)、咖啡、热水瓶(保证有热水)、矿泉水、一次性纸杯、搅拌棒放置在会议桌中间位置,确保没有挡住投影仪镜头 2. 茶水根据季节,冷热搭配,可准备一冷一热自行调节,提前10分钟将茶水倒好,摆放在名牌和资料之间,成一条线 3. 茶水和瓶装水并排放置
		投影幕布升降是否正常	
		与客户负责人确认相关准备	确认准备是否符合要求,还有哪些遗漏或是临时需求
流程阶段三：会议中			
半小时或者一小时(根据参会人数灵活掌握)	会议室照顾	是否需续水	1. 进出门礼仪:轻轻推门,进门后随手轻轻关上门;离开会议室时轻轻开关门,并确认门牌正面显示"会议中" 2. 用另外倒满热水的水瓶更换一次热水 3. 倒水礼仪:倒水前需征得对方同意;倒水时应避开参会人,将倒好的茶水直接放置在参会人对应的桌上,如有电脑应放在鼠标位置的相反方
		查看茶包、纸杯、矿泉水等数量是否还需要添加	
流程阶段四：会议后			
10分钟内	会议室整理	设备是否关闭	关闭投影仪电源,以及空调、音箱、话筒、照明等设备
		投影仪/音响/话筒/照相机等设备是否回收	回收后放置在柜中
		通知清洁员进行清扫	如清洁人员不在,行政人员应及时清理

从一个小实例,看万科物业口碑好的背后

万科物业的温馨举动

天气转冷,万科物业给楼门的门把包上了棉套,真是让笔者深感惊喜。

想想如果这一温馨之举仅仅是某一个楼盘某一个服务人员的创意,那么影响的仅仅是一个小区的业主,何况人员流动也会导致经验知识的流失。但如果万科物业能把这条知识点放到物业服务流程的 checklist 中,发给全国各个小区每年定时执行,那将会提高全国所有万科小区业主的满意度。

这就是有知识支撑的流程的力量!

不同岗位,知识的表现形式应有所不同

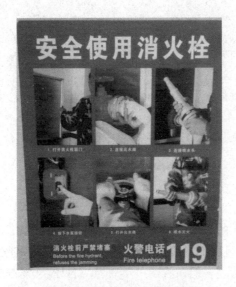

某公司消防设施上的操作说明

流程更多的是讲跨岗位活动的设计,但每一个岗位的工作指引会影响流程的整体执行效率和质量,而且不同的岗位呈现形式要有所不同。

某公司的消防设施上张贴的这张操作说明就非常形象,比枯燥的文字有效得多,而且所见即所得。

总经理的困惑:如何做管理输出

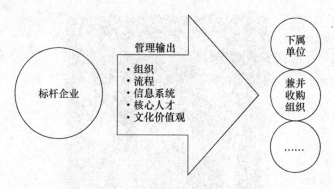

企业应如何做管理输出

曾经有一个企业的总经理向笔者说起他的困惑:"我们想通过收购企业加速企业成长速度,而且我们已经尝试过一次。我们看重被收购企业的是两样东西:一是资金,二是管理。但在收购一年后,我们只能忍痛割爱撤回资金,因为我们不知道如何给另外一个企业做管理输出。"

我给他讲了一个知名企业的兼并过程,首先,它们要求收购企业完成组织调整,然后要求企业一个月内完成流程的切换,所有的流程必须按要求进行调整。而之所以能够快速完成流程调整,还有另外一个要求,那就是被收购企业立刻导入集团统一的 ERP 体系。

所以,如果一个企业自身的工作流程都没有显性化、规范化和标准化,就很难做到管理输出。

为什么说做 IT 首先要做好流程

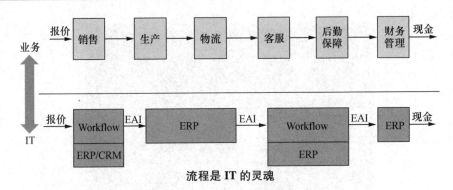

流程是 IT 的灵魂

从信息化建设的角度来说,为什么需要流程管理?

1. 流程明确信息系统需求,给出系统发挥效能的方向

不理清流程,就无法确定系统需求,无法做信息化。因为系统运行的主线是流程。流程不同对系统需求会存在很大差异。

2. 落后的流程 + 先进的系统 ≠ 提升管理效率

信息化是企业提高效率、效益的使能器,但落后的、不优化的流程 + 再先进的信息系统也不能达到预期目的。

只有基于流程梳理和优化的信息系统才适合企业当前和未来的发展需要,使信息系统的建设更具有有效性和灵活性,使管理和 IT 更好地结合起来。

所以说,流程是 IT 的灵魂。

另外,曾经有企业向我们咨询:"有些流程已经 IT 化了,是否就无须再写流程文件了?挺麻烦的。"我们觉得可能有些人对流程 IT 化存在误区,因为建立文件更重要的是传播业务管理原则和理念,也为后续优化奠定基础。所以,IT 化就不写流程文件是不对的。

中小企业先上IT还是先做流程梳理

IT驱动流程建设,"要想富,先修路"

IT与流程的关系可以分为两大阶段:

第一阶段属于IT驱动流程的阶段。在这个阶段,大多数企业的流程管理水平尚不算高,需要使用一些较为成熟的IT系统来推动公司不成熟的管理模式的优化与改进,这个阶段属于IT系统僵化管理模式的阶段,所以IT是拉着、拽着,甚至绑着流程走的,"要想富,先修路",引进IT系统,本质上是想引进IT系统背后的先进的流程模式。

有一些中小企业向笔者咨询:"我们公司流程执行得不好,是否可以帮我们梳理梳理?"笔者一般会问:"你们公司流程有信息化吗?有OA或BPM系统吗?"得到的回答往往都是:"目前都是手工,先梳理梳理再考虑IT的事情吧。"笔者一般的回答是:"先上一个OA或BPM会更好,可以倒逼流程梳理和固化,反之不成立。"

第二阶段属于流程驱动IT变化的阶段。随着流程管理水平的提高,业务的发展会给IT提出很多需求并为IT建设指明方向。这个时期,IT和流程要不断融合。

为什么说流程管理更重要的是转变观念

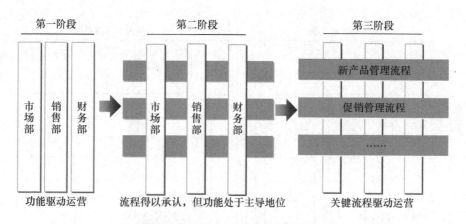

流程管理需要树立从功能到流程转化的概念

成功的流程梳理需要树立从功能到流程转化的概念。实际上,从功能到流程的转化可以分为三个阶段。

第一阶段属于功能驱动运营阶段。各部门在开会以及业务讨论过程中,谈得最多的是我们这个部门,谈论的话题是这件事情是属于我们这个部门还是你们部门,大家都从自己部门出发讨论问题。此时,流程的概念虽然隐性存在,但是并没有得到各部门的承认。

第二阶段属于功能主导运营阶段。这个阶段当中,流程已经得到了大家的承认,但是部门视角以及功能视角仍处于主导地位,遇到问题的时候,各部门还是习惯于首先谈部门职责清不清晰。

第三阶段属于关键流程驱动运营阶段。在这个阶段,各部门遇到问题的时候,首先看的是流程,是这件事情应该怎么完成,而不是由谁来做这件事情。当大家从流程整体的视角来看待问题的时候,各部门就能够群策群力先找到流程当中遇到的问题,然后再看这个事情应该由谁来完成。

功能驱动运营阶段与关键流程驱动运营阶段最大的不同在于管理对象的不同:从以部门作为管理对象转变为以流程作为管理对象。

战略流程设计相差无几,但战略结果南辕北辙

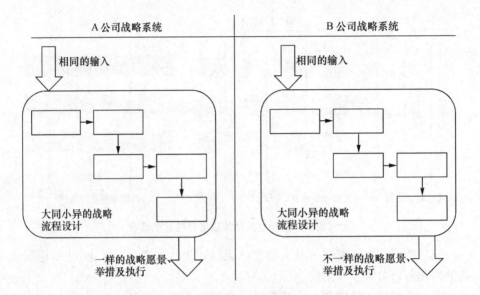

A、B 公司的战略系统对比

流程可以承接战略,但无法代替战略。

面对同样一个市场和竞争环境,战略流程设计大同小异,但每个企业最终选择的战略不同。因为流程只规定了战略规划制定的过程,但在具体制定过程中,企业文化、领导的风格、对行业的洞察和解读、员工的素质不同都会影响战略制定的结果,哪怕是同样的战略,战略的分解也会导致最终各业务战略举措有很大差异,战略最终执行效果更是流程本身很难控制的。

绩效系统是流程执行的指挥棒

营销中心总经理绩效考核方案 A	
指标	权重
销售单价达成率	60%
成品库存周转率	40%
部门费用占销售额的比率（年度考核）	单项奖罚

营销中心总经理绩效考核方案 B	
指标	权重
销售完成率	50%
单项产品销售收入达成率	10%
优等品平均单价达成率	20%
渠道建设计划完成率	10%
成品仓库存周转率	10%
资金回笼	扣罚项

可以看出流程一样，绩效指标设计不一样，对工作的牵引差异很大

两家公司营销中心总经理的绩效方案对比

通俗而言，流程界定了各部门各岗位协同规则，但如果缺少有效的绩效系统设计，就像千军万马缺少指挥棒一样。

要想流程得到高绩效，必须设计相匹配且直接、有力地支撑战略举措的指标体系和定期绩效沟通评估机制。

比如，同行业中两家公司营销中心总经理的绩效方案有区别，A 公司绩效考核指标仅为绩效单价达成率与成品库存周转率，而 B 公司却加入了渠道建设计划完成率等指标。你考核什么，就可以得到什么，可以预想到的是，虽然同一个行业营销流程基本类似，但因为考核系统不同，两个公司最终得到的也不会一样。

Chapter Three

第三章 端到端流程管理

为什么要端到端管理流程

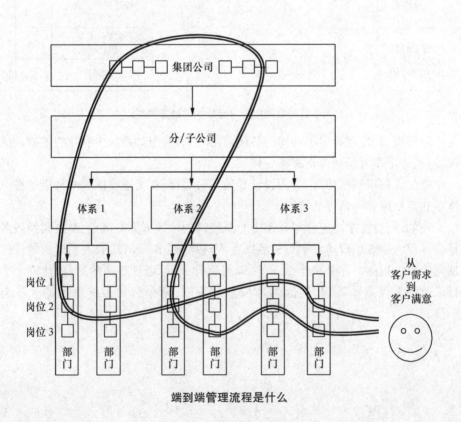

端到端管理流程是什么

近几年企业逐渐意识到端到端管理流程的必要性。

目前很多企业旧的流程体系仍以短、小流程为主,而且基本上都是各部门站在自身利益上各自制定的,流程之间充满断点、重叠甚至冲突。所以,往往无法站在客户角度提供全局性的价值服务。

很多人对"端到端的端到底在哪里"有所疑问。其实,这是一个伪命题,因为这取决于企业管理的视角和能力。比如,麦当劳对流程的管理一定能够而且必须站在产业价值链的角度设计端到端流程,而大部分企业可能目前仅仅能站在本企业角度,但随着对客户及业务的理解,端到端的外延会不断扩展。

端到端流程管理,核心就是解读两个问题:第一,流程的客户是谁？第二,本流程最终的价值产出到底是什么？只有准确回答这两个问题,才能真正设计出满足客户价值的端到端流程。

广义端到端流程管理

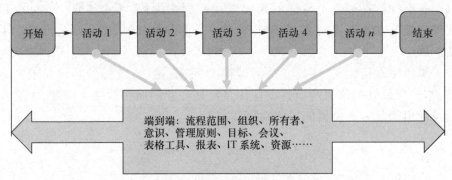

广义端到端流程管理

端到端管理,并不仅仅指流程的起点和终点。要想实现流程的端到端管理,需要实现很多管理要素的端到端。

- 流程范围:从客户需求出发,到客户需求得到满足。
- 组织:组织的端到端是实现业务管理端到端的基础。
- 所有者:端到端流程需要有一个统一的所有者,否则无法实现跨部门对流程设计、持续优化的协同。
- 意识:需要不断强化和统一企业各级员工端到端审视和管理业务的意识,每个部门是否都能做到"向前跨一步"是关键。
- 管理原则:不同的职能有不同的管控目的,当发生冲突时需要采取达成共识的原则。
- 目标:流程目标的统一,本质上就是要求各部门对客户需求及价值达成一致,各部门目标横向协同性是确保实现端到端流程目标的必要条件。
- 会议:作为流程执行的重要手段之一,会议亦需要端到端设计,形成固定的会议节拍,并对会议要素达成一致。
- 表格工具:工具是流程的外在体现和载体,所以也需要端到端设计。
- 报表:报表的整合有利于大家站在全局视角审视流程绩效与设计。
- IT系统:IT系统是流程的高速公路,类似京港澳高速公路这样的大动脉公路网络的设计是很重要的。
- 资源:各部门的资源如果都是完全独立的,就无法实现业务管理的协同。

组织的端到端

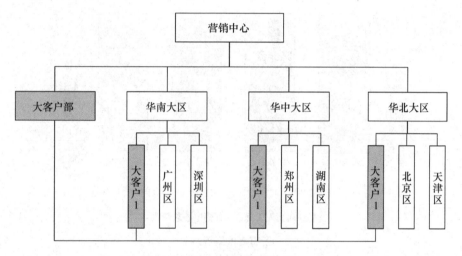

某公司的销售组织架构图

我们可以看出,为了更好地服务于大客户,该公司专门成立了大客户部。大客户需求往往与普通客户差异比较大,所以很多公司在流程设计、IT 系统、人员配置、报表、管理原则等各方面都会有所区别,很显然,如果组织没有端到端设计,大客户服务流程就很难得到真正、彻底的执行。

所有者的端到端

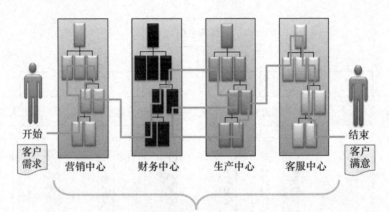

所有者的端到端

跨部门流程一定要指定流程所有者,比如招聘流程,虽然各个部门都使用,但招聘流程的所有者就是人力资源中心总经理。他有责任持续优化招聘流程,以使流程更能支撑战略和业务。

对业务流程而言亦是如此,比如合同审批流程,虽然销售部门、供应链部门、核算部门、信用部门等很多部门及岗位都需要参与该合同,但对流程负责的应该有一个统领部门,比如营销中心总经理。他要负责推动持续优化流程,并且制定统一的管理原则,解决工作中的协同问题。

意识的端到端

	部门 A 的做法	部门 B 的做法
当面对多任务时	我的任务和主要升职手段就是拍马屁,少犯错,做好分内的事情,别惹是生非	只有各部门协同才能共同提供给客户高质量的产品及服务
当面对困难和问题时	到处都是问题,根本无法解决	我们如何改变才能改善

不同部门看待问题的不同视角

要实现端到端管理,还要统一各部门的意识。在端到端流程管理中,各部门不能像过去一样,仅仅从自身部门的利益出发思考问题,过分强调部门职责,而需要更多地从客户的角度出发。

我们曾经为某一民营企业提供咨询服务,客户经常投诉开发票不及时。后来,我们了解到该企业的发票流程是这样的:商务向财务部门申请开票→财务部门开发票→交给商务→邮寄给客户。

而另外一个企业的做法则是:商务向财务部门申请开发票→财务开发票→直接寄送给客户。

但当我们向第一家公司建议优化流程时,它们的财务部门就是无法接受邮寄发票工作,一直强调寄送发票是业务部门的事情,与客户的联系不属于财务部门的职责。

我们可以想象得到,这家公司所有财务部门主导或参与的流程,肯定很难实现高效的端到端管理,因为财务部门是站在部门的视角向外看业务,而非站在客户的视角。

管理原则的端到端

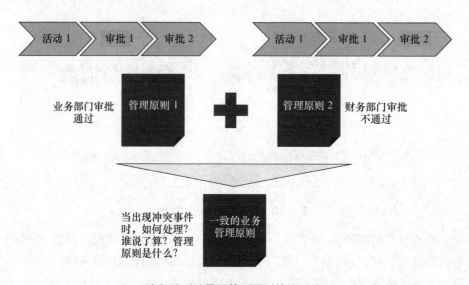

流程端到端需要管理原则的端到端

客户想申请更多信用额度时,营销部门从增加业务量的角度总是予以审批通过,但企业信用控制部门往往不这么想,它们考虑更多的是风险。

这个时候容易出现的问题是,业务部门轻松通过的流程在财务部门无法通过,表面上看这只是流程审批的问题,但本质上这是两个部门在这一个端到端流程上的管理原则的不同。

对业务部门来说,业务是第一位的,对财务部门来说,风险控制是第一位的,所以,端到端流程的良好运作,需要流程上涉及各个环节的业务管理规则要一致,要符合公司的战略导向。

目标的端到端

原方案：各自负责			建议方案：统一对成功的定义		
考核对象	考核指标	指标意义	考核对象	考核指标	计算公式
研发中心总经理	新产品上线个数	每季度开发新产品的数量/计划数量	研发中心总经理 营销中心总经理	新产品销售额	本期新产品销售额
	……	……		新产品销售贡献率	本期新产品/总额×100%
营销中心总经理	销售收入	每季度销售收入/销售目标		新产品上市时间准时率	上市时间与计划时间的差额
	……	……		……	……

目标端到端实例

某公司新产品研发近几年与竞争对手的差距越来越大，与市场脱节越来越严重，比如行业各大竞争对手都推出某新类型产品并席卷市场，但该公司却迟迟无法推出相应新产品。通过分析，我们发现该公司研发工作的确存在几个问题。

研发中心负责新产品研发，营销中心参与不够。研发中心主要通过定期参加一些行业展会了解产品动态，但往往已经落后于市场节奏。

另外，企业内部对新产品的成功没有统一的定义。这可以从研发中心及营销中心两个部门的绩效方案上看出，研发中心总经理的考核指标为新产品上线个数，而营销中心总经理没有考核与新产品相关的指标。

研发中心总经理的解释是："我们也知道不对，但我们能控制的是研发数量，目前还很难对新产品的销售情况负责。"

营销中心总经理的解释如出一辙："我们会根据市场竞争对手的产品情况，在研发规划会上提出一些建议，但最终是否被研发中心采纳，我们也无法控制，因为我们毕竟不负责研发。当然，新产品出来后我们肯定会大力推广，但因为产品本身竞争力的原因，我们很难确保现有产品最终的销售情况。"

从这个案例我们可以看出，该公司对新产品的成功没有统一的定义，而且也没有一个部门对产品成功真正负责。

从这个案例你得到什么启发？

某企业客户价值链流程基于部门导向设计目标

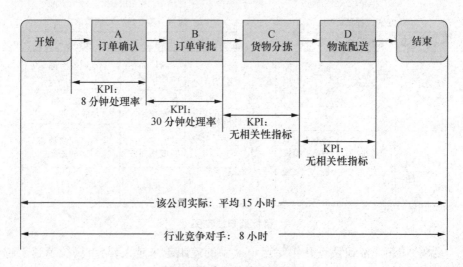

某企业客户价值链流程简图

上图是某企业客户价值链流程简图,因为客户一直反馈公司效率低,所以公司高层决定对这个流程进行优化。

在调研过程中,我们发现该端到端流程缺乏统一目标,只有部分部门自己制定了与时效相关的指标。A部门的考核为8分钟处理率,B部门为30分钟处理率,而C、D两个部门没有对流程时效进行考核。

而且,我们在每一个部门调研时,大家都说本部门处理非常快。我们查找了一下A部门商务助理考核情况,发现的确几乎所有商务助理每一个月的考核评分都在95分左右,但这与客户调查结果不符。后来,经过仔细分析,我们发现商务助理用于统计绩效的数据只包括40%左右的订单。

当我们询问A部门负责人时,他解释说:"有一些订单不是我们能控制的,比如有些订单是因为没有库存,有些订单是因为客户订单错误要退回修改等原因。"

"为什么有这么多订单填写错误需要退回?"我问道。

他说:"你看这些订单,就是在电子商务平台上客户的产品类别选择错误。"

我一看全部是一些字母代码，所以问道："这些代码是什么意思？为什么不用市场通用分类？"

他说："这些字母是我们内部各产品事业部核算代码，为了内部核算的需要。我也觉得这有问题，但一直没人更改，其他竞争对手都是使用客户在生活中通用的分类。"

上面这个案例是很多企业都存在的现象。其实，客户只关心端到端绩效，至于企业内部的沟通扯皮等问题，他们并不关心。但企业内部各部门往往因为各自利益，把客户利益弃之不顾。

不过，我们也不能简单地为了端到端而端到端，而应该思考：如果设计了端到端绩效目标，那么谁对此负责呢？A、B、C、D四个部门又该如何对此端到端指标负责呢？能简单地让A、B、C、D同时负责吗？又能简单做指标分解吗？

表格的端到端

表格端到端实例

某企业货款支付流程涉及两个表格：一个是业务部门设计的《货款支付审批表》，一个是财务部门设计的《应付支付确认表》。

业务部门向流程管理部门投诉，财务部门这样解释："一是他们的审批表不给我们留底，二是他们表格中的很多信息根本不是我们需要的，三是他们的审批表经常变，我们财务部门内部管理有风险。"

后来，该企业把两个表格合二为一。

通俗来讲，表格是流程的外在体现，所以表格的端到端设计是流程能否端到端管理的保障。

快捷酒店的评估卡片为何无法完成端到端任务

```
我为您服务    邀您做伯乐

我提名_____为微笑大使
签名：_____

我的联系方式：_____
手机：_____
Email:_____

____年__月__日
```

快捷酒店的评估卡

某酒店在办理入住手续时,会同时给笔者一张"我为您服务 邀您做伯乐"卡。第一次看到这张卡片,也许你会认为这是一个非常好的创意。但仔细分析后,你会发现这个效果会非常差。这应该属于客户满意度调查流程的子流程,但这个流程存在明显的问题,比如这张卡片成功触发了流程,如何评价？交给谁或投放在什么地方？笔者很乐意做伯乐,但服务人员众多,而且除非非常留意,否则很难得到员工的姓名或工号。再说,对伯乐有什么价值吗？比如是否可以考虑赠送积分等。

事实也证明了我的判断,该酒店服务人员竟然用这张卡片做底稿写房间号,而且不是特例,至少两日内笔者在该酒店的两个分店看到了一样的现象。如果企业自己都不把它当回事,那流程的客户又如何认真对待这件事呢？何况即使想完成也缺乏很多必要信息。最后,笔者在大厅墙壁上发现了一个微笑大使栏,但笔者很困惑的是:这是怎么评选出来的？

快捷酒店就餐券的非端到端设计

某酒店早餐券

笔者曾经入住一家旅店。早晨就餐时,发现早餐券未注明餐厅的位置,而一时又找不到,于是就去前台问服务员,而早晨恰恰也是顾客退房结算的时间,所以前台工作人员一边忙于回答并指示餐厅位置,一边忙于给其他旅客办理退房结算手续,结果大家都对此有所抱怨。

服务员早餐服务属于整个顾客服务端到端流程的一部分,所以早餐券如果能注明用餐地址,既能够增加客户满意度,又可以提升酒店前台人员的工作效率。

新奥燃气小工具包是如何提升端到端服务能力的

新奥燃气的《用户手册》

新奥燃气《用户手册》中的塑料套

生活中，我们要经常与卡打交道，比如公交卡、银行卡、信用卡，等等。我们发现新奥燃气的工具包设计得非常不错。签订合同后，燃气公司会发给用户一个《用户手册》，在《用户手册》最后一页有一个透明的塑料套，里面可以存放燃气卡与银行卡。燃气卡、银行卡与用户手册一起存放，有很多好处：

- 易于存放，不易丢失。否则，每次使用时，可能要找来找去才能凑齐，而且很容易丢失，一旦丢失还会给燃气公司及用户增加麻烦。
- 易于使用，每次使用，从银行卡充值，到燃气卡充气，再到燃气表加气，正好三个工具一起使用，比如在燃气表加气时有时会忘记芯片面应该朝上还是朝下，可以直接翻查一下《用户手册》等，用完后放到一起再存放。

如家的电热水壶+知识卡片让服务更加端到端

如家的电热水壶+知识卡片

　　如家快捷酒店电热水壶手把上绑定一张"电热水壶安全使用说明卡",这是一个非常好的工具与知识端到端整合的小案例,可以提供给客户所见即所得的服务,极大地提升了客户满意度。

会议的端到端

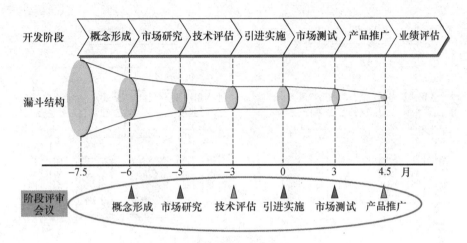

某公司新产品研发端到端流程

很多企业新产品研发普遍存在一些问题：

- 研发了大量新产品，但最后发现真正符合市场需求的不多，结果造成大量研发资源浪费；
- 很多新产品迟迟无法按时上市。

造成这些问题的原因有很多，比如缺乏有效的新产品研发组织设计，缺少结构化的工作设计，没有形成倒计时计划等，但还有一个非常重要的原因是缺乏端到端会议体系设计。

比如，对新产品的选择不应该是在投放市场后，而应该在前期概念形成阶段，就通过阶段评审会进行初步筛选，如上图所示，某公司新产品研发端到端流程，经过六个阶段的评审会议一直对新产品进行层层筛选，通过漏斗管理完成选定新产品的集中上市。这样不但可以提高新产品上市成功率，而且能够节约大量的研发及营销等资源。

资源的端到端

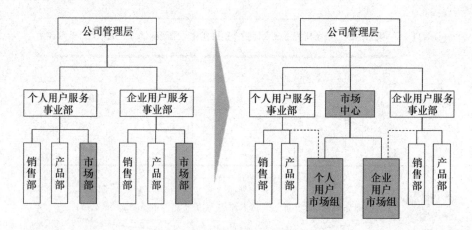

资源端到端实例

某企业向笔者诉说了他们的困惑:"我们有两个事业部,一个面向个人用户,一个面向企业用户。但最近几年,这两个事业部的用户群出现了很多交叉。现在各事业部负责市场推广的部门都是独立的,所以经常出现资源重叠浪费的情况,也就是过度营销。我们以前曾经多次沟通过这个问题,但效果一直不好。您是否能帮我们梳理梳理流程,看两个部门在制订促销方案的时候能否多一些沟通,尽量做一些整合。"

笔者说:"这不是仅梳理梳理流程即可解决的。之所以一直未能很好地解决这个问题,其实还是因为内部营销资源分散以及内部核算的问题。如果营销资源是分散在各个部门的,两个部门很难自动解决这个问题。比如,当向交叉用户群做促销方案时,到底两个事业部如何分摊营销费用? 再比如,一个企业用户购买一个企业级解决方案的同时,希望获赠一个或几个面向个人用户的产品,这是目前客户经常提及的需求,但在公司内部核算方面并没有解决这个问题,即如果这样给该企业提供服务,个人用户服务事业部的利润如何核算?"

后来,这家企业把两个事业部的市场部整合为一个市场中心,下设个人用户市场组及企业用户市场组,在为每一个事业部提供专业对口营销服务的同时,又可以很好地做到资源整合。

从餐厅服务流程体会"随需而变"的端到端(1/7)

餐厅服务流程

现代餐饮业初期,餐厅服务流程的端到端,是从客户点餐开始,到服务员清洁结束,所以餐厅对客户的界定就是在餐厅就餐的人。

从餐厅服务流程体会"随需而变"的端到端(2/7)

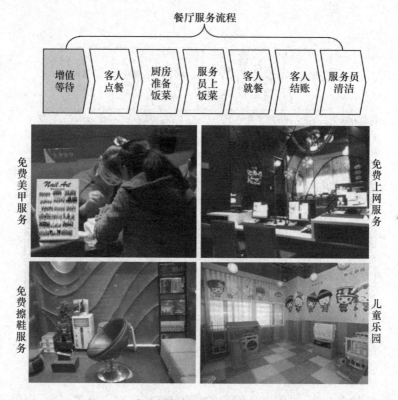

海底捞等餐时的几项服务

总体而言,等餐总会降低客户满意度。所以有些餐厅开始把等餐服务真正地提升到端到端服务重要环节的地位。

上图是海底捞等餐的几项服务,把客户服务提升到了一个新高度。比如提供免费美甲服务、免费擦皮鞋服务、免费上网服务、儿童乐园区域等,这些服务极大地提升了客户满意度。而且,最近海底捞又推出叠千纸鹤折算餐费服务,使顾客完全摆脱了单调的等待,不但可以学手艺,而且还有增值功能。

至此,等餐在端到端服务中的重要地位已经被现代餐饮业认可。

从餐厅服务流程体会"随需而变"的端到端(3/7)

某餐厅代金券

随着餐饮业的发展,部分餐厅意识到,虽然客户离开了餐厅,但仍属于需要维系客户的范畴。所以,很多餐厅开始推出会员服务,甚至在客户结账时赠送代金券,以吸引客户再次来就餐。

这个阶段,客户的外延突破了物理局限性,不仅仅局限于在餐厅就餐的人。

从餐厅服务流程体会"随需而变"的端到端(4/7)

某餐厅网上订座页面

随着科技的发展,很多餐厅意识到网络的重要性,开始推出网上预订座位及外卖服务,客户的群体及服务有了进一步拓展。

从餐厅服务流程体会"随需而变"的端到端(5/7)

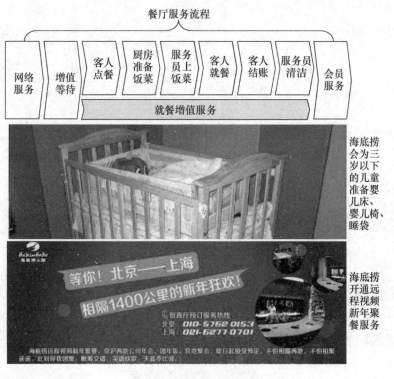

海底捞就餐增值服务

随着对客户需求的理解,部分餐厅意识到顾客就餐吃饭仅仅是客户需求的一部分,在就餐的过程中,顾客还有很多需求,而这对端到端流程深度又提出了进一步的要求。

上图是海底捞在就餐过程中提供的广为称赞的几项服务,比如为三岁以下的儿童准备婴儿床等贴心设施,并且还推出了远程视频新年聚餐服务。

从餐厅服务流程体会"随需而变"的端到端(6/7)

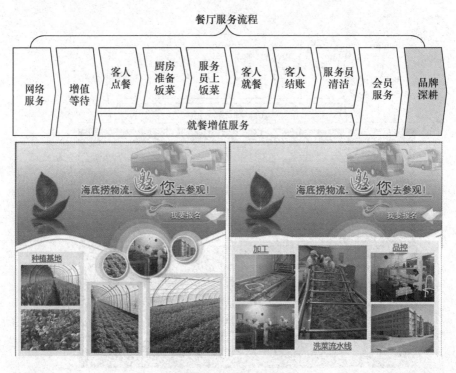

海底捞品牌深耕活动页面

为了加深客户对品牌的认可,海底捞又推出了品牌深耕活动,邀请客户参观内部物流,增强顾客的信心,提高品牌美誉度。

这当然也属于客户服务的一部分。

其他很多行业也逐渐意识到深耕客户的重要性。笔者曾经参加过万科之旅活动,虽然这些活动有其营销功能,但笔者认为这同样是万科服务的一部分。

从餐厅服务流程体会"随需而变"的端到端(7/7)

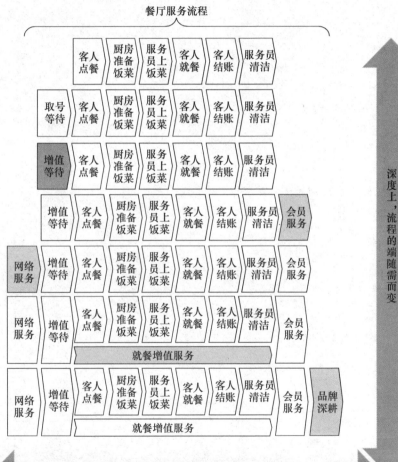

流程的端随需而变

通过一个餐厅服务端到端流程的小案例，我们可以看出，流程的端到端并不是静态的，这和企业/部门/岗位对流程的客户及价值理解的广度和深度有关。

当然，能否提供更有广度和深度的端到端服务取决于企业的能力，但这绝对不是借口。海底捞成立于1994年，但在对客户服务的解读方面已经领先于很多企业，所以一个企业不是因为有了能力才能提供更加端到端的服务，而是因为想提供更加端到端的服务才具备了相应的能力。

流程的端到端最终由客户需求决定

端到端流程的界限由客户需求决定

端到端的概念不是以企业的界限为截止的,而是以满足客户需求为截止的,客户要求如何协同,端到端的界限就在哪里。

随着社会经济的高速发展,对企业的应变速度要求越来越高,所以现代企业越来越要求具备行业端到端管理的能力,比如苹果公司供应链流程,必须把上下游供应商整合在一起,才能提供快速、准确、低成本、敏捷的服务。

Chapter Four

第四章 流程规划与梳理

流程管理 PDCA 环

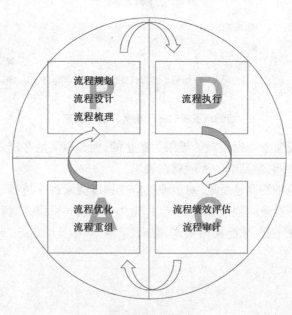

流程管理 PDCA 环

流程也有其生命周期,所以流程管理同样也是一个 PDCA 闭环管理的过程。

流程框架清晰地表达公司是如何完成客户价值的

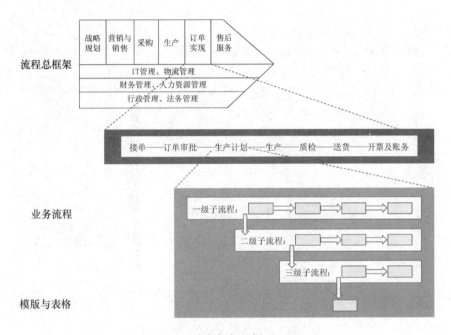

流程框架示例

对企业流程进行规划是非常有必要的。流程框架可以非常清晰地表达公司是如何完成客户价值的。

流程框架能很好地表达公司的商业模式，给其他管理要素提供非常好的参考，而且有利于提升全体员工业务管理端到端的视角。

为何需自上而下与自下而上结合做流程规划

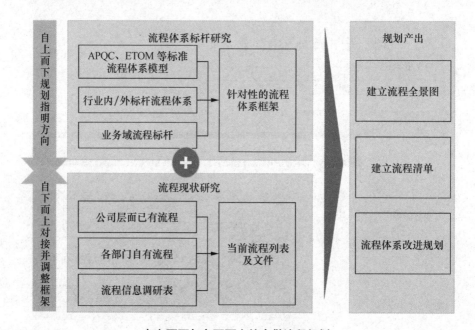

自上而下与自下而上结合做流程规划

企业流程规划的方法一般采取"自上而下"和"自下而上"相结合的方法。自上而下,主要是保证流程体系的全局性、完整性及前瞻性,而自下而上是保证流程体系是基于现状可落地的。

在规划的过程中,可以借鉴一下标杆框架,比如:
- 国际成熟的流程体系标准,比如 APQC、ETOM 等;
- 企业所在行业标杆企业的流程体系;
- 相关行业标杆企业的流程体系;
- 在各个业务域的一些通用标准框架,比如供应链管理模型等。

需要注意的是,最后设计的流程体系一定要基于本企业的现状,完整体现本企业差异化的商业模式及竞争要素,而没有必要参照 APQC 框架列举很多超前瞻性但没有实质内容的流程清单。

流程规划工作，一般有三个产出：
- 建立企业流程全景图；
- 建立企业流程清单；
- 制定企业流程体系改进规划。

APQC 标准流程体系

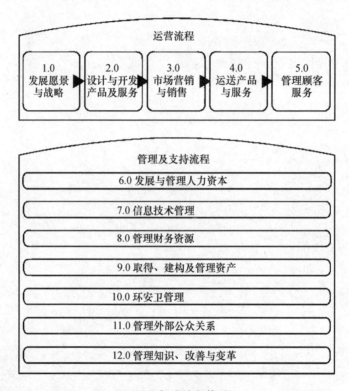

APQC 标准流程体系

APQC 是美国生产力与质量中心的简称,目前已经形成多个行业的流程分类框架。APQC 的流程分类框架具有标杆意义,对企业建立流程体系可以提供非常好的指导。

了解更多的信息,请访问 http://www.apqc.org/。

流程现状信息调研表

流程现状信息调研表

序号	部门	职责	流程等级	流程名称	流程简介	流程经理	所发布流程、制度名称	流程所在系统	流程存在的问题	优化建议	备注

（部门~流程经理：用于设计流程体系（流程框架+清单）；流程所在系统~优化建议：用于制定体系改进规划）

对流程现状的了解可以通过《流程现状信息调研表》来完成，虽然公司层面已经有一些发布的流程，但还有大量流程在部门内没有公开发布。整个过程，需要流程管理部门与各部门进行大量的沟通确认，以便理清流程之间的逻辑关系，确认流程断点及流程间交叉重叠的地方。

《流程现状信息调研表》的信息主要有两大部分，前面一部分信息主要是为了设计流程框架及流程清单，后面一部分信息主要是为了完成体系的改进规划。

到底是先分类还是先分级

流程分类与分级的关系

可以很通俗地理解一下分类和分级的关系。

分类是在一个平面上看蛋糕怎么分,你可以根据各种规则,切成七边形、八边形,也可以按一个图画切。

分级就是在分类的基础上,看其包含的嵌套关系,有点像俄罗斯套娃。

分类和分级是交叉进行的,1分类→1分级→2分类→2分级→3分类→3分级→4分类,分类总是优先于分级,但又以分类结束。

通俗地理解,流程分类可以理解为专业分工、精细化的需要,而分级则是管理幅度的需要。

流程怎么分类,分到什么颗粒度

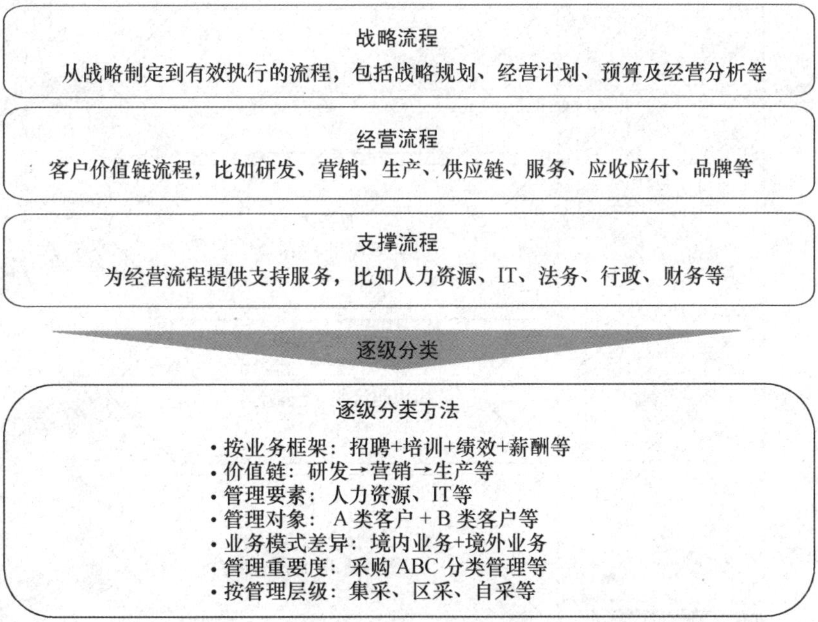

```
战略流程
从战略制定到有效执行的流程,包括战略规划、经营计划、预算及经营分析等
```

```
经营流程
客户价值链流程,比如研发、营销、生产、供应链、服务、应收应付、品牌等
```

```
支撑流程
为经营流程提供支持服务,比如人力资源、IT、法务、行政、财务等
```

逐级分类

逐级分类方法
- 按业务框架:招聘+培训+绩效+薪酬等
- 价值链:研发→营销→生产等
- 管理要素:人力资源、IT等
- 管理对象:A类客户+B类客户等
- 业务模式差异:境内业务+境外业务
- 管理重要度:采购ABC分类管理等
- 按管理层级:集采、区采、自采等

流程分类的方法与维度

同一个流程图中,比如A类业务和B类业务的审批节点可能有所不同,其实,这就是一个最简单的流程分类。为什么写在一个流程文件中呢?因为两类业务的管理差异并不太大,可能只是几个审批环节的不同而已。

但是,如果两个业务,流程线路差异非常大,各个审批点要管控的核心点也有很大差异,用到的工具表格也不同,甚至流程客户需求差异也很大,这种情况下就需要写两个流程文件。

所以,流程是否分类,分到什么颗粒度,主要取决于管理的需要。虽然这句话有点虚,但事实就是如此。

流程怎么分级，分多少层级

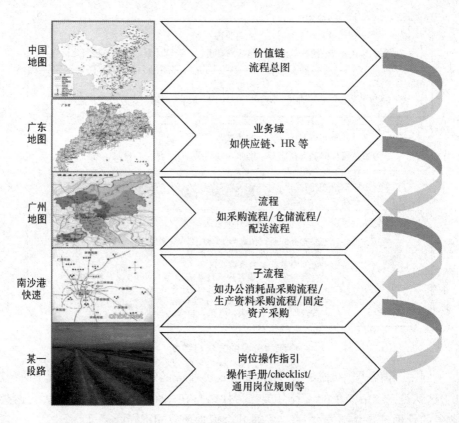

流程分级示例

十年前,村小学的学生首先把学费交给老师,然后由老师交给小学校长,小学校长再递交给镇中心校校长……这样一层层向上递交。不但效率低,而且风险极大。但随着社会经济的发展,现在学生可以把学费直接打到县里统一的学费缴纳账号中。无疑,学费缴纳流程从多层级变为一个层级。

通过上面这个例子,再参照上图中的例子,可见,流程分级可以实现管理的精细化,但为了提升管理效能,要尽可能端到端设计流程,当然这受限于企业的整体管理能力。

流程总图形成后,到底有什么价值

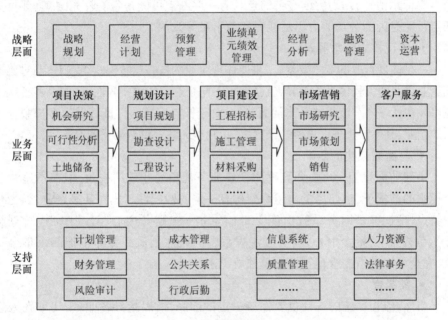

流程总图示例

根据流程规划的结果,产生公司各级流程系统图,上图为流程总图。流程系统图要体现几个主要设计原则:

- 体现战略导向

比如有些公司可能把质量管理放在流程总图中,有些公司则把其作为某业务域的子环节甚至打散在好几个环节中,再比如有些公司可能把企业价值观管理放在流程总图中,而有些公司可能仅仅将其放在一个不起眼的三级流程系统图中,这可以区别不同企业之间对战略思考的不同。

- 体现客户导向

从客户的需求到客户满足为止,流程系统图要解读我们公司是如何满足的,而且是通过何种模式满足的,上图很显然更适合表达住宅地产的逻辑,如果是商业地产,可能需要用另外一种表达方式。如果一个企业有不同的业务,或者业务类型相同但商业模式差异很大,可以分别用不同的流程体系表达。

- 业务视角,而不是部门视角

我们从上页图中也可以看出,"项目决策→规划设计→项目建设→市场营销→客户服务"更多体现的是业务价值链,流程系统图不能从部门的角度设计。

- 端到端设计

无论企业流程是否完善,在流程体系设计上,一定要做到不重不漏,所有的断点要标示清楚,作为后续完善的点。有一些断点可能是急需补充的,但有一些断点可能是因为公司能力不足或者资源不足导致的。

- 体现核心竞争要素

一是体现行业的竞争要素,二是要体现企业的核心竞争模式,我们只要对比不同企业之间的流程体系的差异,就会发现不同企业竞争的差异性,比如很多餐饮企业可能在就餐环节流程体系非常简洁,但对于像海底捞这样极其重视客户服务质量的企业,其就餐管理应该要复杂得多,否则也无法提供差异化的服务。

- 与组织架构的匹配性

虽然前面我们一再强调流程体系要业务视角而非部门视角,但在不违背这个原则的前提下,也要尽量与组织架构有一定的匹配性。比如某家企业,因为行业特点,他们整个财务系统由四个部门承担——财务中心、管理中心(管理会计)、信控中心、资金中心,其实在流程系统的设计上没必要非得把四个整合一个,完全可以把信控管理等模块单独放出来。

- 前瞻性

当然,流程系统的设计也要保持一定的前瞻性,以指导各业务,比如在人力资源流程体系设计时,完全可以把企业还没有的内部讲师模块放进去或者把中高层管理人员培养体系与其他普通员工的培训体系分开。

华为公司的流程总图

```
operating
    1.0  IPD(idea to market)
    2.0  market to lead
    3.0  lead to cash
    4.0  issue to resolution

enabling
    16.0 manage capital investment
    5.0  develop strategy to execute
    6.0  manage client relationships
    7.0  service delivery
    8.0  supply
    9.0  procurement
    15.0 manage partner relationships

supporting
    10.0 manage HR
    11.0 manage finances
    12.0 manage BT&IT
    13.0 manage business support
```

华为公司的流程总图

华为公司是流程管理的标杆企业,它的流程总图很值得学习。

首先,从命名上,它摒弃了以往的命名方式,而是按"从起点到终点"的方式,如"Market to Lead"。

其次,"Operating"流程,真正体现了从客户需求开始到客户需求得到满足的全过程。

最后,"Manage partner relationships"是新增加的一个端到端流程,体现了公司业务的变化及战略的变化。

流程清单

流程清单

一级流程	二级流程	三级流程	四级流程	流程名称	流程所有者	流程简介	流程绩效指标	……	备注

零级流程:流程总图;

一级流程:一般指业务域,比如人力资源、财务管理、IT等,表达方式为系统图;

二级流程:为具体流程,比如招聘管理流程、培训流程等;

三级及以下:为子流程,比如普工招聘流程、高管引入流程等。

很多人有一个疑问:"到底分几级呢?"其实,这个问题没有定论,可以确认的是零、一、二、三肯定都有,但具体可以到几级,则基于公司管理的需要,与精细化管理的程度有关。

流程是否越精细越好?也不是,因为管理是需要成本的。这主要也是基于管理的需要,比如某公司名片印刷流程,全国有很多分公司,以前是各地分别印刷,但后来发现在客户现场出现了名片颜色差异度很大等各类问题,所以,后来公司统一在一家供应商采购,名片印刷流程就绑定在OA系统上。同样是这家公司,办公用品的领用就没有专门的流程,因为就一句话"找前台文员要"。

我们已有了 ISO 体系,现在是否又要再建一套流程体系

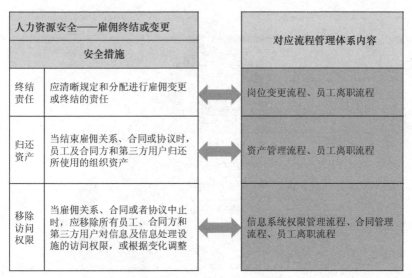

ISMS 信息安全体系部分条款

很多企业会有疑问:"我们已经有了 ISO 体系,现在是否需要重新建立另外一套流程体系?"答案是否定的,因为流程体系和其他标准管理体系是"过程管理"和"结果管理"的关系。

先说 ISO 体系,可以这样通俗地诠释:"ISO 体系就是质量价值链流程体系。"虽然很多公司在 ISO 体系上逐渐增加了部分其他管理要素,但基本上还是以质量管理为核心,比如在质量体系文件中是无法看到人力资源流程及财务流程等的,甚至缺乏一些如计划制订流程的描述。

再看上图,这是 ISMS 信息安全体系的一些条款,比如为了确保信息安全,规定"当结束雇佣关系、合同或协议时,员工及合同方和第三方用户归还所使用的组织资产",ISMS 只是提出这个结果导向的要求,至于企业如何确保达到该要求,ISMS 本身是不会做规定的,所以这些要求最终都要通过在资产管理流程及员工离职流程中绑定实现。

所以,一个企业只要建立了流程管理体系,其他管理标准的要求都可以直接体现在流程管理的节点中,而无须根据各类标准管理体系建立文件体系。

如何以流程为主线建立体系文件架构

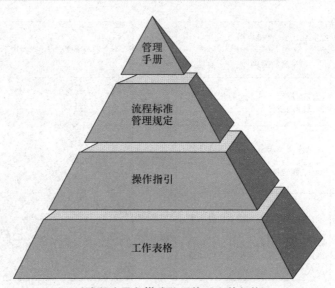

以流程为导向搭建公司体系文件架构

界定清楚流程体系与其他标准管理体系之间的关系,我们就清楚公司体系文件建设的原则了:以流程为导向搭建公司体系文件架构。

- 管理手册

纲领性的管理原则,如员工手册、公司章程。

- 流程标准与管理规定

➤ 流程标准主要描述跨岗位、相对稳定、时效性比较强的工作,如营销方案执行流程。

➤ 管理规定主要针对结果性的规范,比如考勤管理等,有时也可以作为某流程标准的补充规定。

➤ 体系文件应以流程标准为主,管理规定为辅。

- 操作指引

针对某具体岗位的操作规范,如 CRM 操作手册。

- 工作表格

流程标准、管理规定中涉及的表单。

如何做流程审计

流程审计检查记录表

受审计流程		受审部分		受审方负责人		审核员		审核组长		审核日期		
检查内容	检查点		检查方法	检查依据	检查员		被审核人		检查结果记录		不合格项	观察项
一、流程文件推广												
二、流程文件执行合规法												
三、流程的结果有效性												
四、流程设计的合理性												

建立了流程体系后,有必要对流程进行定期审计,毕竟"检查什么,我就做什么",这也是流程持续改善的重要手段。

按照触发的条件不同,可以分为定期审计与专题式审计。

流程审计其实可以借鉴 ISO 内审方法,只是需要注意两者之间的差别。ISO 审计强调的是"说、写、做一致",但流程审计除了执行合规性,还需要对流程设计合理性和流程结果有效性等方面进行审计,比如流程设计本身可能不存在大的问题,但是流程的绩效表现与竞争对手差距甚远,可能是 IT 工具的问题,这同样是审计的一部分。关于具体审计的重点,也可以借鉴迈克尔·哈默的 PEMM 模型,那里提供了很多的设计维度。

审计是要付出成本的,所以流程审计要突出重点,重点是围绕客户价值链及风险管控点进行审计。

PEMM 流程管理成熟度评估模型

迈克尔·哈默的 PEMM 流程成熟度评估模型

等级		P1	P2	P3	P4
设计	目的	流程设计不是端到端的,职能管理者优先使用原有的流程设计以提升其执行绩效	重新设计了端到端的流程以优化流程绩效	设计了与企业其他流程以及IT系统相适应的流程,以优化企业绩效	设计了与客户和供应商相适应的流程以优化企业绩效
	背景	可以识别出流程的输入、输出、客户及供应商	已知流程客户的需求并就此需求达成一致	流程经理以及与该流程相关联的其他流程经理建立了互惠的绩效预期	流程经理和与该流程相关联的其他流程的供应商及客户责任人建立了互惠的绩效预期
	文件化	流程文件完全是面向职能的,描述了流程执行过程中所涉及的各组织的接口关系	有端到端的流程设计文件	流程文件描述了该流程与其他流程的关联,并且与企业整个体系和数据结构相关联	流程设计信息化,可支持流程执行和管理,并可对环境变化和流程重新配置进行分析
执行者	知识	执行者能够说出所执行的流程名称,并能够指出衡量其绩效的主要指标	执行者可以描述出流程的整体过程,他们的工作如何影响客户、执行流程过程中的其他人员以及流程绩效,以及要求的绩效水平和实际的绩效水平	执行者熟悉基本的业务理念和企业绩效的驱动力,并能够描述出他们的工作如何影响其他流程和企业绩效	执行者熟悉企业所属行业及其发展趋势,并能够描述出他们的工作如何影响企业间的表现
	技能	执行者具备解决问题和改进流程的能力	执行者具备团队合作和自我管理能力	执行者具备业务决策的能力	执行者具备变革管理和变革实施的技能
	行为	执行者对流程有一定的忠诚,但更多的是对职能的忠诚	执行者试图按照流程设计正确地执行流程,并且能够使执行该流程的其他人员的工作更有效率	执行者努力确保流程结果能够达成企业目标	执行者识别流程改进需求,提出改进建议

(续表)

等级		P1	P2	P3	P4
责任人	身份	流程经理是一个人或一个团队,非正式地承担流程绩效改进职责	企业领导层建立了正式的流程经理角色,并指派一位有影响力、可靠的高级管理者来担任	对于责任人来说,在时间分配、思想关注和个人目标方面,流程都是优先考虑	流程经理是企业高级决策层的一员
	行为	流程经理识别和记录流程,与所有执行者进行交流,发起小范围的变革方案	流程经理能够清晰传递流程的目标及其愿景,为重新设计和改善流程做出努力,计划流程的实施过程,并确保与流程的设计一致	流程经理与其他流程经理协作整合流程,以达到公司的目标	流程经理为流程制订一个滚动的战略计划,参与企业层面的战略规划,与为客户和供应商工作的其他人合作支持跨企业的流程重组倡议
	职权	流程经理推动流程,但只能鼓励职能经理进行变革	流程经理可以召集一个流程重组团队并实施新的流程设计,而且对流程的预算有一定控制能力	流程经理对支持流程的IT系统和任何改变流程的方案有控制能力,对人员分配、评估和流程预算有一定影响力	流程经理对流程预算有控制能力,对人员分配和评估能施加重大影响
基础设施	信息系统	支持流程的IT系统是陈旧和孤立的	由各功能模块组成的IT系统支持着流程	一个集成的IT系统支持着流程,它将流程固化在里面,并且符合企业的标准	一个带有标准架构的IT系统支持着流程,它同时遵循企业间交流的行业标准
	人力资源体系	流程参与者因卓越的表现获得奖励	流程设计驱动角色定义、工作描述、任职能力要求,工作培训基于流程文件进行	员工聘用、培养、奖励和薪酬体系注重流程的需求和成果并与企业的需求平衡	员工聘用、培养、奖励和薪酬体系增强了企业内部和企业之间合作、个人学习能力和组织变革的重要性

(续表)

等级		P1	P2	P3	P4
指标	定义	流程有一些基本的成本和质量指标	流程有来自客户需求的端到端的指标	流程指标和跨流程的指标来自企业的战略目标	流程指标来自跨企业的目标
	用途	管理者使用流程指标来核查流程执行情况,识别差绩效的根源,并驱动职能上的改善	管理者利用流程指标将它的绩效与标杆、最佳表现以及客户需求比较,并用流程指标设定绩效目标	管理者根据流程指标度量结果对流程操作者进行的奖赏和激励,他们使用基于流程测评的报表进行日常管理	管理者定期检查并更新流程指标和目标,并将其纳入战略规划
企业领导力	意识	企业的高级执行团队认识到提高运作能力的重要性,但对业务流程作用只有有限的理解	至少一位企业高级执行官深刻懂得业务流程的概念,懂得企业该如何利用流程取胜,并且明白在实施业务流程过程中的阻碍	企业的高级执行团队从业务流程的视角审视企业,并对企业的流程有充分的认识和洞察力	企业的高级执行团队以流程的眼光审视其自身的工作,并意识到流程管理并不只是一个项目,而是业务的管理
	一致性	业务流程的规划来自企业的中层管理人员	一位企业的高级执行官来领导并负责业务流程的规划	企业高级执行团队对业务流程的规划很一致,此外,整个企业中有一批人在推进业务流程的落实	企业所有人员都对业务流程表现出极高的积极性,并积极在流程实施中扮演领导的角色
	行为	一位企业高级执行官认可并投资了企业运作方面的改进工作	一位企业的高级执行官根据顾客的意愿,公开设立企业的目标,并准备调配资源,做深层次的改革,并排除目标实现过程中的阻碍	企业高级执行官以一个团队的形式管理企业的各个业务流程,并积极地从事流程的规划	企业高级执行团队以流程的形式做其自身的工作、做核心战略的计划,并基于有效的业务流程来发展新的业务
	管理风格	企业高级执行团队已经开始从组织管理严密的、分等级的向开放的、合作的转型	领导流程规划的企业高级执行团队对变革的必要性和流程作为一种变革工具充满热情	企业高级执行团队已将权力下放给业务流程负责人以及执行者了	企业高级执行团队通过洞察力和影响力来实现他们的领导,而非单纯的命令和控制

(续表)

等级		P1	P2	P3	P4
企业文化	团队合作	团队合作是基于项目的、临时的并且非典型的	企业经常采用跨部门的项目团队来实现进步提升	团队合作在流程执行者中已非常规范,在经理中也是很平常的	与顾客以及供应商之间的团队合作也显得很平常
	顾客至上	意识到顾客至上很重要,但对其真正的理解却还不够,而如何去满足顾客的需求也存在困惑	员工认识到他们工作的目的就是提供不同寻常的顾客价值需求	员工们懂得顾客的需求是统一的优质服务以及完美的体验	员工将注重与贸易伙伴的合作,以满足终端客户的需求
	责任心	企业绩效好坏的责任只落在经理们身上	一线人员开始对企业绩效负责	员工们感觉到企业的绩效好坏有他们的责任	员工感觉到服务顾客和提高企业业绩是他们的任务
	对变革的态度	企业需要适度变革的意识在企业内不断升温	员工们已经为要如何工作方面的变革做好了准备	员工们已经为主要的、多方面的变革做好了准备	员工们认识到了变革是必然的,并且认为这是一件很常规的事情
企业专业技能	专家	有一小部分人对业务流程的重要性有正确的认识	有一位核心专家善于业务流程的设计、项目管理、交流沟通以及管理的变革	有一位核心专家善于大规模的管理变革以及整个公司的转型	企业上下有充足的人员善于进行业务流程的设计、项目管理、交流沟通以及管理的变革,此外,也要存在一套体系能为公司培养这样的人才
	方法	企业中能使用一种或几种方法来解决管理过程中遇到的问题以及提高业务流程的业绩	业务流程的设计团队有一套基本方法来设计业务流程	企业已发展出了一套标准的流程来完成业务流程的设计以及改进	业务流程的管理和设计成为核心能力,并将其嵌入到一个正式的系统里,该系统包括环境扫描、变革计划、执行以及核心流程的革新

(续表)

等级		P1	P2	P3	P4
治理	业务流程模型	企业已经确定了一些业务流程	企业已发展出了一整套完整的业务流程的模型,并且该模型得到了企业高级执行团队的认可	企业的业务流程模型在整个企业内交流,用于项目的优先排序,并与企业的技术和数据架构相对接	企业将其业务流程模型延伸以更好地与顾客和供应商对接,该模型也在公司发展战略中得到应用
	职责	职能经理对其相应的业绩负责,项目经理对项目的改进负责	流程负责人对单独的流程负责,有一个指导委员会对企业所有的流程负责	流程负责人对企业的业绩承担相应的责任	业务流程的委员会作为最高层的管理机构,执行者对企业的业绩承担相应的责任;企业建立指导委员会,与顾客和供应商一起共同驱动业务流程的变革
	综合	一批或几批人员提倡并支持可能的、明显的运作上的改进技术	一个非正式的团体来负责计划管理,而指导委员会则为流程的设计调配资源	有一个由主要的流程管理者负责的正式的计划管理办公室,协调并整合所有的流程项目,业务流程的委员会管理不同业务流程间的整合;企业从整体角度出发管理和实施所有的流程优化技术和工具	业务流程负责人与顾客和供应商的相关人员合作,促进跨企业间的业务流程的整合

Chapter Five

第五章 流程优化需求漏斗管理四步法

流程优化需求漏斗管理四步法

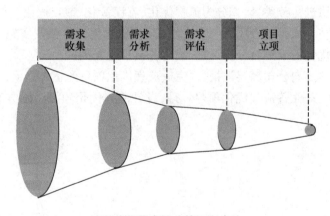

流程优化需求漏斗管理四步法

很多企业向笔者询问:"如何在企业形成流程优化的长效机制?"

笔者总是这样回答:"流程优化长效机制的第一步就是流程优化需求管理的长效化。而长效化的实质就是要实现在固定的时间由相对固定的团队按照固定的方法进行流程优化需求的收集、整合和评估并最终产生流程优化项目。"

1. 时间

流程优化需求收集与申报按照时间节奏分,可分为定期申报和实时申报。

(1) 定期申报:一般建议每年 12 月份至次年 2 月份完成流程优化需求的申

报及立项工作。

（2）实时申报：主要为了临时重要的流程优化需求。

2. 组织

每年的定期申报由流程管理部门或流程管理委员会组织各部门完成，而实时申报，可以由各部门随时向流程管理部门申报。

3. 需求的来源

按照需求的性质可分为三大类。

（1）问题导向：流程问题、客户投诉及满意度报告等。

（2）绩效导向：经营指标、标杆企业对比、流程绩效报告。

（3）变革导向：新战略、战略举措、重大变革、重大项目等。

4. 需求漏斗管理四步法

需求漏斗管理分为以下四步：

（1）需求收集。通过年度经营计划输入、调研访谈、流程优化需求申报或开展全员流程优化建议活动等多种方式完成需求的收集。

（2）整合。以流程为主线对所有流程优化需求进行拆分、整合，并且按照流程优化的性质进行分类，比如分为流程优化、流程E化、节点优化等类别。

（3）评估。流程管理团队与各业务部门，从优化的价值及实施可行性两个维度对流程优化需求进行分析评估，确定各项目优先级。

（4）立项。向公司高层汇报，并完成流程优化项目的正式立项，以获得公司的资源支持。任命各流程优化项目经理，设计流程优化项目激励方案并发布工作计划。

通过《流程优化项目申报表》收集需求

流程优化项目申报表

项目名称及所属流程	申报人	要求完成时间	优先级
一、现状及问题（问题描述、后果、频率、数据等）			
二、期望项目实现效果及优化建议			
三、预计效益（可从时间、成本、风险、质量与顾客感知方面分析）			
四、是否已与相关部门沟通并达成共识			

流程管理部门或流程管理委员会通知各部门进行流程优化项目申报，分为以下几块。

项目名称及流程名称：注明所属流程，便于后续做需求整合。

申报人：此信息是为了便于后续对需求进一步了解。根据我们的经验，很多流程优化项目申报信息往往并不能充分用于判断是否立项及优先级，所以需要流程管理部门与相关申报人做进一步沟通补充信息。

要求完成时间：业务部门对流程优化完成时间的期望，可以用于评估优先级。

优先级：每个业务部门都会提出多个优化需求，让业务部门预先判断需求的优先级。

现状及问题：业务部门应该对流程存在的问题进行详细的说明，而且一定要对问题产生的具体后果用数据的形式展示，要避免虚高空大，因为这些信息对于判断优化的紧急度有非常重要的参考价值。

期望项目实现效果及优化建议：业务部门应该就问题的解决提出思路方案，而不是仅仅提出问题。

预计效益：业务部门对流程优化的效果进行预先假设，一是有利于判断业务部门是否真正理解问题及解决思路，二是判断项目优先级的重要依据。

是否已与相关部门沟通并达成共识：鼓励各部门在提交优化需求时与其他相关部门就流程问题及优化的思路达成共识，这对于项目后续开展非常重要。

通过《流程优化需求收集表》收集需求

流程优化需求收集表

填写说明：
1. 请根据现有工作或业务、流程或制度文件填写本人涉及的流程，包含隐性流程（无明文规定，按照惯例或口头约定等在进行的作业）。
2. 本人填写→本部门指定接口人汇总整合→流程优化执行办公室汇总整合。
3. 本次调查表的填写情况。将根据各部门的提交数量和质量进行评分，排名在全公司范围公示，并对排名靠前的部门和个人给予一定的奖励，望各部门给予充分重视。

序号	填报人 部门	流程	现存问题	优化建议	预计效益	备注

　　《流程优化项目申报表》对于已经有一定流程优化工作氛围和基础的企业比较有效，但对于很多初期开展流程优化工作的企业，表格还是太复杂了，所以可以采用一些相对比较简单的表格。

　　另外，流程管理团队要有主动服务意识，多与业务部门进行沟通。事实上，根据我们的经验，特别是在企业员工还未认可流程优化工作价值时，寄希望于下发表格，员工就及时并高质量填写是不现实的。流程管理团队一定要在过程中做好督促工作，特别是对于一些可能产生重大价值项目的核心业务部门，一定要对一些核心岗位及非常有想法的员工做好线下沟通，否则可能因为没有收集到高质量的需求而使流程优化工作前途未卜。

通过调研访谈收集需求

调研访谈计划

部门	姓名	职务	时间	接口人及其联系电话	访谈人	备注

调研访谈是一种非常高效的流程优化需求的收集手段,调研的范围一般包括各部门负责人及核心岗位人员。

事实上,调研访谈有多个作用:
- 收集高质量的流程优化需求;
- 为后续开展流程优化项目做好沟通工作,特别是争取相关部门领导的支持。

通过流程研讨会收集需求

流程研讨会

还有另外一种调研访谈的形式,就是举办流程研讨会。这种方式有一个好处,就是大家群策群力可以激发提建议的热情,而且大家可以把流程优化需求聚焦在跨部门的流程上。

流程研讨会可以按照业务域分别开展,比如研发体系、人力资源体系等,也可以安排跨体系研讨会。通过流程研讨会,公司还可以穿插一些流程管理理念方法方面的培训。

对需求进行分析,判断需求的价值

流程优化需求汇总分析表

序号	部门	流程	现在问题	优化建议	预计效益	项目经理	项目性质	重要度	时间计划	备注

通过各种方式收集到流程优化需求后,需要对需求进行整合分析。

(1) 需求分拆合并:很多人提的需求可能存在边界不清楚的问题,有些需求有所重叠,有些需求则是不同性质的问题混杂在一起,所以首先要对这些需求进行分拆,然后按照性质加流程两个维度进行分类。

(2) 需求初步筛选:流程团队首先对所有整理后的需求进行初步筛选和判断,比如哪些需求需要进一步了解信息,哪些需求还需要相关数据证明,哪些需求需要征求其他相关部门的意见,哪些需求可能是一些伪命题,等等。

(3) 需求信息补充:与相关业务部门召开需求沟通会,收集补充信息,并进一步讨论这些需求的优化思路和价值。

(4) 需求归类:对所有需求进行归类,有些属于流程 E 化,有些属于流程优化,有些则属于流程节点简单调整等,不同分类后续有不同的处理方式。

评估需求的优先级

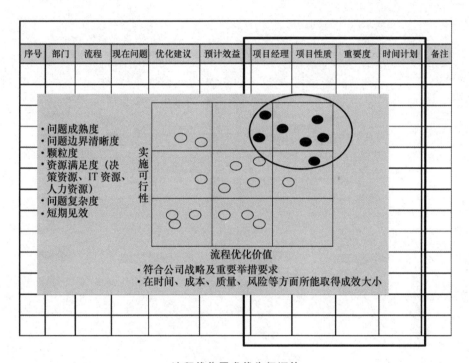

流程优化需求优先级评估

完成流程优化需求的整合分析后,需要与业务部门进一步确定预计项目的项目经理及优先级。

由业务部门指定项目经理是非常重要的,有一些公司认为项目经理可以由流程管理部门代替,这是错误的:首先,流程管理部门对业务的理解永远比不上业务专家;其次,流程优化项目的推进需要流程的客户全力投入才能设计出可行的解决方案并落地,由流程管理部门越俎代庖是不对的。

项目重要度的判断,主要从两个维度:一是优化价值,二是实时可行性。这些都需要与业务部门进行充分沟通。很多企业认为这些应该是立项后的事情,但这种想法是大错特错的,如果不能分析清楚项目的价值及解决思路的可行性,很多项目往往会因此而失败,比如很多公司流程优化工作组最终失败是因为最后发现是一个伪命题、解决方案IT部门无法支撑、某部门不认同解决方案,等等。

对核心需求立项推动

判断标准	公司级项目	部门级项目
判断标准	·投入资源（人财物）比较多 ·跨部门 ·问题难度大 ·核心端到端流程为主	·投入资源相对较小 ·以某部门优化为主 ·问题解决相对容易 ·子流程为主
核心关注	·解决战略支撑 ·重点突破，树立标杆 ·资源 ·全程组织推动	·解决部门协同 ·全员参与，整体提升 ·文化 ·过程监督及方法支持

不同优化项目的不同关注重点

经过前期分析评估后，形成流程优化项目立项建议报告。然后向公司高层汇报：一是公司高层对各项目审核并提出要求，二是评估各项目的优先级，三是对各项目的工作时间安排做出进一步的要求，四是对各部门提出要求。优化项目一般分为两大类：公司级项目和部门级项目。

优化项目的选择最终要满足四个基本要求：

- 战略可支撑。紧随公司战略，才能得到公司及各部门的支持。
- 优化可落地。相关部门就项目必要性、优化思路及潜在风险的解决方案已经达成基本共识。
- 收益可预见。项目收益能说得清，并且达成共识。
- 短期可见效。建议控制项目颗粒度，特别对于流程优化工作刚起步的企业，尽量选择一些 1—3 个月能搞定的项目，不要担心项目小，而要时时关注是否可短期见效，这对于大家的信心至关重要。

当优化项目选定时，流程项目管理团队应该能说得清楚整个工作预计的成效，这是该工作成熟度的体现。

Chapter Six

第六章　流程优化项目管理六步法

▎开展流程工作不要总想着"一口吃成个胖子"

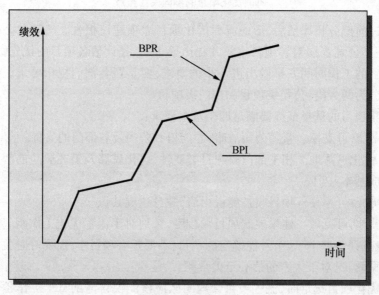

BPI 与 BPR 的区别

BPR 强调对企业业务流程进行"根本性的再思考"和"彻底性的再设计",但从大量 BPR 失败的案例可以看出,这恰恰也是最终导致失败的原因。BPR 本身对企业的变革过大,很多企业的能力根本无法达到。所以,后来不少企业在原有流程基础上进行局部的变革,这样反而容易被企业接受,同样也可以取得可喜的优化价值。BPI 与 BPR 的关系,是量变到质变的过程。

虽然 BPR 与 BPI 存在很多不同,但项目运作方式有很多相通之处,所以如果一个企业从来不进行 BPI 工作,其实往往连 BPR 的机会都发现不了,更别说驾驭 BPR 项目了。《荀子·劝学篇》中说得好:"不积跬步,无以至千里;不积小流,无以成江海。"

下面是笔者与某企业的对话,供大家参考:

某企业流程部门管理者询问:"金老师,我们公司正在开展流程优化工作。我们想找一些端到端流程做优化,是否可行?"

我问:"你们企业之前经常开展流程优化的工作吗?"

该流程部门管理者回答:"没有。之前都是通过一些会议,但发现没有什么效果。所以这是第一次开展正式的流程优化工作。"

我说:"我建议这样选择优化的对象流程。"

- 价值导向:此为第一原则,即流程梳理优化的价值比较说得清楚。这就意味着,不要盲目选择一些巨大无比的端到端流程。
- 先易后难:先做一些小流程的优化,等到大家都熟悉了流程优化的方法,再做一些大流程的优化,而且一定要短期可完成。
- 全员参与:在可能的情况下,尽量每个部门都选择1—2个流程做优化,让大家都参与,以便培养一批人才。
- 全员感知:选择一些全员容易感知的流程,比如采购流程、费用报销流程等,流程一旦优化,所有部门都容易理解和认可工作价值。
- 突破点选择:选择一些对流程管理工作比较支持和认可其价值的部门或业务域,比如某部门领导一点都不认可流程价值,在这个部门做第一批尝试是很危险的。
- 结合现实需求:如果你已经知道某些部门计划开展某些与流程相关的工作,那么能在一定程度上合作就再好不过了,主动双赢,比被动双赢重要,比被动单赢更重要。

流程优化项目管理六步法

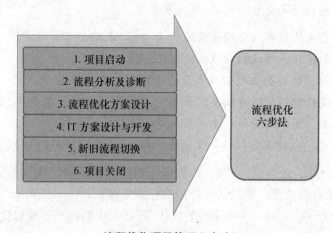

流程优化项目管理六步法

很多企业开展流程优化工作,最常见的方式就是由某一个实在难以忍受的部门召集相关部门开会,然后讨论一个基本解决思路并达成基本共识后安排下属跟进就结束了,但往往几个月后发现流程问题并没有得到解决或者仅仅解决了一些无关痛痒的小问题。

这绝对不是特例,笔者为很多企业提供咨询服务,发现企业普遍存在这样的误区。有一次某企业总经理兴奋地告诉笔者:"我们已经就部分流程制订了解决方案,效果不错。"但仔细分析,就会发现其实他们的工作最多算是立项前的讨论而已,还处于前面我们讲的流程优化需求管理漏斗阶段,甚至连流程优化需求分析还没有完结就认为已经完成了所有工作。

其实,一个流程优化真正能最终落地是一个非常复杂的过程,哪怕只是一个简单的流程调整,都可能涉及组织、IT等方面的调整,涉及多个部门之间的协作,需要流程上多个环节达成共识。

最后,笔者发现,流程优化这种跨部门、系统性的工作,一定要结合项目管理的方法推进才行,这就是流程优化六步法的由来。这个方法笔者在企业负责流程工作时推行过多年,现在又通过咨询服务让更多企业检验,最终证明该方法对于大部分企业都是一个非常实在的方法。

如何组建高效的流程优化团队

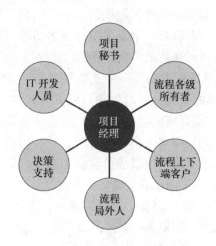

项目团队中的七个角色

在接到流程优化任命通知后,项目经理需要尽快组建项目团队。一般来讲,一个流程优化项目可能涉及七个角色。因为项目组织极其重要,所以我会对每一个角色都进行详细阐述。

1. 项目经理

项目团队是项目成功的重要保障,而项目经理是项目团队的核心。一般项目经理是所要优化流程的最高所有者或者由他指派的一个中高层管理人员担任,否则他无法调集必要的资源完成项目。项目经理主要负责项目的目标、计划、时间、质量、风险、成本的管理。项目经理应该具备以下几个条件:

- 流程所有者:优化哪个项目,经理就由哪个流程的所有者担当,自己当家做主,做出来的方案才最为可行和到位,而且也有利于保持持续的改革热情。
- 责、权、利匹配原则:项目经理对流程优化的所有工作负责,因此也应该拥有对应的权利,需要拥有可以整合所优化流程要求、调配各种资源的权利。
- 项目管理能力:项目经理需要具备一定的项目管理的能力、较强的组织协调能力,这在一定程度上可以降低项目的风险。

2. 项目秘书

我们相信你肯定很惊讶我们为何要专门强调这个角色。说实话,在我们刚开始做流程优化项目时,也从来没考虑过设置项目秘书。不过在经历过几次惨痛的教训后,我们强烈提醒你流程优化项目秘书单独设置是绝对必要的。

因为,项目经理在整个项目管理过程中更多地发挥管理角色,而项目的实施落地离不开一件件看似烦琐的小事,具体说诸如会议安排、会议纪要、工作跟进、异常反馈、起草方案书等很多琐事都需要这么一个岗位。你总不能指望项目经理自己去做吧。经验证明,没有一个专职项目秘书的项目无论是进度还是质量一般都无法得到保障,而且这是很多企业流程优化项目失败的原因。

如果你仅仅以为项目秘书就是一个文职秘书而已,那你可就大错特错了。文职工作只是他最基本的工作。有时候项目组设计方案的时候只是总体设计,方案的细化及可行性分析都需要项目秘书去完成,这才是项目秘书工作最增值的部分。永远都不要忘记,很多人都是带着脑袋开会而已。一定要有一个人去主导串联工作。而且,期望每个项目成员都能主动按时完成工作简直就是一种奢望。这就需要项目秘书不断地督促督促再督促。

事实上,我们往往发现,项目秘书可以起到一个副项目经理的角色。在我们发现这个现象后,如果我们想培养一些新的项目经理,就会有意识地安排他先以项目秘书的身份参加一两个项目。

3. 流程各级所有者

简单地说,如果优化的流程涉及4个岗位,你就需要安排4个岗位代表参加,至少需要安排与本次优化最相关的那2—3个关键岗位代表参加。即使同一个岗位,有时候根据实际情况也有可能有多人参加,比如一个中层管理者加一个实操基层员工。

4. 决策支持

有些流程优化项目会涉及比如组织调整或者重大IT资源投入等,这类优化必须得到领导的支持,这再次证明流程优化需求漏斗管理的重要性,绝对不能把所有的问题遗留在立项后。决策支持人员必须具备以下三个角色:

- 利益平衡者。首先他具有足够的权力,至少拥有与项目需求大小相匹配的资源。衡量权力是否足够,有一个简单的办法:想想此项目的受益方和失益方,如果你没有足够大的权力支配双方的资源,就说明权力还不足以担任此重要角色。
- 资源提供者。无论项目需要人力还是物力资源他都应该可以调配自如。
- 信念的支持者。至少,一般变革最开始都不被教条主义者接受。所以项目需要坚定的决心并持续不断推动,这是此角色需要解决的。实际上,他本身应该就是此信念的推崇者,至少应该是理解者。

5. IT 开发人员

我们的经验是,项目一开始就吸纳 IT 人员参与,这样对于保证解决方案的可行性是非常必要的。以往案例可以证明,辛辛苦苦完成的"完美方案",往往最终因为系统根本无法实现或者投资太大而放弃,甚至被 IT 部门认为重要度不够而"暂停"。

6. 流程下上端客户

优化流程往往会带来此流程上下端客户输入输出的变化。所以流程上下端客户的参与会使解决方案的可行性大增,而且利于方案的最终实施。

7. 流程局外人

对于这个角色的设置,你可能也会比较疑惑。其实,道理确实非常简单。想想企业为何要不断地招聘新人补充新鲜血液。圈内人踢球往往就是一件工作从此处转移到别处。这不怪他们,因为这是思维定势的结果。你可能听到过类似的激辩:公司一直都是这样做的,为什么现在要改变?而且可能存在风险,所以这点最好先别改变。这样导致的后果就是,项目成立之初的愿景非常美好,最后的解决方案就是解决几个无关紧要的问题而结案。

所以,现在需要一个局外人问几个问题:"这样做的真正目的是什么?当初为何这样做?现在环境变化后是否可以取消?"对于流程重组项目,这一个角色尤为重要。

最后,需要强调的是,你所领导的流程优化项目不一定需要全部角色。这与多方面的因素相关,比如企业文化、管理水平、项目本身的性质、项目目标、公司的组织架构、行业特点、员工素质,等等。不过把这几个角色都一一提及的目的在于:至少在需要的时候你不要遗漏。

翔实的项目计划是成功的保障

流程优化项目计划表

项目背景/范围				
现状及问题				
优化思路				
项目目标				
成员及分工	角色	部门+姓名	职责	
	项目指导			
	项目经理			
	项目秘书			
	各岗位代表			
	……			
	流程上下端客户			
	IT人员			
	其他			
推进计划	主任务	阶段产出	责任人	预计完成时间
运作方式	沟通方式			
	汇报方式			

流程优化六步法中有多个表格,但流程优化项目计划表是为数不多的几个必填表之一。这个表格的重要意义是,要求项目经理在正式开展具体工作之前,一定要对此项目的背景、问题、优化思路、项目目标、项目团队及推进计划等有一个全盘考虑,并且把这些信息完整地传达给项目成员。这样大家才能做到信息对称,否则很多项目成员就是带着脑袋来开会了,项目经理很快就会发现自己是孤军奋战。

流程优化项目计划表填写的几个关键点:

● 项目背景。项目背景有助于帮助项目组成员了解项目立项的来龙去脉,这绝对有助于提高项目的方向性和统一思想战线。举一个并不是非常恰当的例子,一个 CEO 要求和关注的项目与一个部门负责人关注的项目,项目成员对此工作的重视度及投入的精力是不同的;再比如,如果你知道这次流程优化的起因是发生了一次严重的风险事故,那么这次优化的方向则会聚焦在如何做好风险控制方面而不会过度发散。

- 项目范围。我们都知道控制好项目的边界是非常重要的,因为项目范围直接会影响组员组成、投入资源的大小及项目周期的长短。所以,我们在既定的时间及资源要求下,一定要把好项目范围关。项目范围本身有几个角度可以定义。
  - 组织广度:比如是限定在某个分公司内部还是在整个集团。
  - 流程选择:比如是 A 流程还是 B 流程,是优化 A 流程的 A1 还是 A2。
  - 优化深度:比如是关注流程的风险控制还是关注流程的时效,抑或是都关注。
- 现状及问题。让项目组成员清楚地了解目前的处境及所要解决的主要具体问题,放出本次项目的命题,让大家更深层次地了解项目。
- 优化思路。介绍解决问题的初步假设、项目的规模及项目产出,激发大家的斗志,同时达成共识。
- 项目目标。项目目标一定要非常直接,并尽可能量化,比如提高流程效率,流程平均处理时效从当前的三天降为两天。
- 成员及分工。项目经理需要在角色必要性、能力要求等方面深思熟虑,千万不要先入为主"随便"指定几个项目成员。
- 推进计划。根据项目的范围及目标,制订初步的工作计划。
- 运作方式。根据项目的特点,选择不同的沟通及汇报方式,比如每两周开一次例会,比如每两周向公司高层做汇报等。

流程文件的建议模板

1.0 目的

首先,要找到流程的客户是谁,一般包括内外部客户;然后,要找到客户的主要需求;最后,将这些需求转为化流程的目的。

2.0 流程目标

流程设计与执行好坏的核心衡量标准及测评方式,包括对内外部客户,要注意精简。比如流程时效为 8 小时,由 BPM 报表自动统计。

3.0 适用范围

包括:适用的业务类型,适用的人员,适用的区域,适用的情形,有什么限制。

例如,办公用品采购管理流程适用于中国区各公司办公用品的采购管理。

4.0 流程起点与终点

起点:从哪里开始?例如,接到客户的《订单需求申请表》。

终点:到哪里结束?例如,客户做货物签收。

5.0 术语、定义及缩写

对于专业术语或需要定义与缩写的词语进行详细的描述,目的是提高流程的可读性。

术语:Business Process Management,BPM,即业务流程管理。

定义:流程所有者,是指对整个流程的效果与效率负责的人员。

缩写:事总,即事业部总经理。

6.0 职责

该流程涉及岗位(注意,不能仅仅描述部门的职责)及所承担的职责描述。

7.0 流程分类(非必选项)

流程分类

流程分类	流程名称	流程所有者	分类原则	输入及输出

8.0 流程图

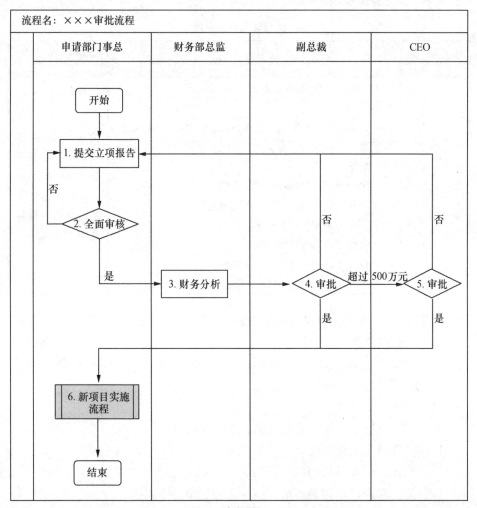

流程图

流程图绘制要求：

（1）必须按二维方式画流程图；

（2）活动的颗粒度至少到岗位，而不应该是部门；

（3）活动在前的部门排在流程图的左边，自左到右、自上而下画流程图，而不是根据岗位级别排序；

（4）验收标准：流程图要求一个外行能看懂，要简单明了，符合逻辑；

（5）判断环节"否"路线要用红色线标示；

（6）各节点的颗粒度大小要一致；

（7）流程图中应该把与该流程相关的上下端流程嵌套进来。

9.0　流程管理标准

流程管理标准示例

编号	任务	岗位	描述	存在问题
在流程图中的编号	流程中活动的名称	岗位名称	1. 应包括5W2H基本要素。 2. 描述要求： （1）必须考虑例外事项的处理，提高流程的应变能力； （2）要反映用到的设备工具，如BPM系统、OA系统、条码扫描器； （3）用语规范，逻辑清晰，通俗易懂； （4）与其他流程的嵌套接口要清晰； （5）工作经验知识点要提炼； （6）岗位之间的接口要清晰； （7）与其他流程之间的接口要清晰。 3. 验收标准：一个新入职员工能看懂，能起指导的作用。	特别说明：在流程梳理及诊断环节可以增加此列，完成优化发布流程时可删除此列。

重复8.0—9.0描述多个流程（非必选项）

10.0　管理原则/管理规定

内容编排要有主线，常见的编排方法有逻辑先后顺序、时间先后顺序、从大到小、从宏观到微观、先抽象后具体、重要度递减等。

11.0　相关文件

至少包括流程上下端相关的其他流程制度说明。

12.0　模板与记录表格

（1）模板，如《经营计划模板》等；

（2）记录表格，如《招聘申请表》《采购申请表》等。

流程常见问题及优化方法表

流程常见问题及优化方法表

建议类别	问题现象	优化建议
流程设计	流程的客户不清晰，客户价值不准确，设计导向错误	比如很多公司年度培训规划流程，仅仅是简单收集员工意见，但培训流程的第一客户应该是公司，培训首先是为缩小战略要求与组织能力之间的差距服务的，所以培训规划流程应基于公司战略及年度经营计划做出课程规划
	流程缺乏分类，"大一统"的流程比较多	比如采购需要按照采购的对象分为五金类采购、办公用品采购等；根据管控层级，分为集团集采、分公司采购等；根据紧急程度，有时候会设计绿色通道流程等；根据触发条件，可能分为国内采购或国际采购等
	审批环节过多	1. 分析各环节审批的价值，简化审批环节 2. 事前按单管理，更改为事后批量审查管理
	流程设计粗放，精细化度不够： 1. 仅仅说明部门 2. 每个活动，就是一句话"××部门审批" 3. 没有表单 4. 简单"一线设计"，一句话概括了很多活动节点，无法了解流程实际现状，进而缺乏优化的基础	1. 每个活动细化到岗位 2. 活动的描述，要符合5W2H原则，而且应该把知识、经验、异常处理等放进去，利于其他员工的参阅和知识复制 3. 尽可能把所有活动表格化、模板化，提高处理效率和质量 4. 要按照岗位颗粒度把真实的过程反映出来，特别是"回流线"要清晰
	串行过多	1. 串行更改为并行 2. 当单个流程无法实现并行时，端到端考虑是否可实现
	上下左右端口不清晰	明确上下端流程，明晰过程中的嵌套子流程接口
	不够端到端	围绕流程客户及客户价值诉求，尽可能做流程的合并和整合，实现端到端绩效的管控
	不闭环	一个端到端流程一般满足PDCA，但因为企业发展阶段的原因，往往是先有D，缺少PCA，当企业发展到一定时期后，需要把PCA补上

（续表）

建议类别	问题现象	优化建议
组织	权责不对等：A部门既负责建设，也负责验收	组织职责设计要满足管控的要求
	缺乏相匹配的运行的组织	比如很多企业新产品研发仅仅是研发部门的事情，最多是征求一下其他部门的意见，应该建立新产品研发委员会和核心小组，推动跨部门协作
IT	大量的Email/电话甚至口头工作，效率低，无法管控，无法积累	尽可能实现流程的IT化
	部分流程节点IT化，导致信息的重复录入，效率低而且质量低	尽可能实现全流程的端到端IT化
绩效	没有流程设计与执行好坏的标准，或者标准不对	核心流程设计评估标准
	员工的绩效方案与流程设计不匹配，比如一个流程的执行要求三个部门协作，但相关考核指标仅仅一个部门背负	HR绩效体系与流程设计匹配

流程360度评估优化表

流程360度评估优化表

			清除 E	简化 S	增加 E	整合 I	自动化 A
对流程的本质重新思考	流程客户						
	流程价值及衡量标准						
	流程起点与终点						
	流程设计原则						
	标杆分析借鉴						
流程节点优化	流程步骤	是否为增值环节	• 尝试删除整条流程 • 删除彻底不增值活动，如过多的检查及重复的信息处理 • 删除不必要的知情权	• 串行改并行 • 权责下沉或决策权前置 • 活动性质分类 • 端到端设计和优化流程 • 非核心能力外包 • 客户界面简化 • 对风险小的工作尽可能将事前管控改为事后管控 • 信息模板表格化 • 简化工具	• 检查是否符合PDCA闭环原则 • 流程分类分级 • 精细化:活动节点细化到岗位,活动描述要符合5W2H原则,审批点要明确,经验点及异常处理方法要清晰 • 接口要清晰,包括与上下端流程接口、与嵌套流程接口、各活动节点之间的接口 • 风险控制 • 服务增值 • 流程评价指标设计与优化	• 组织（包括内外部）、岗位、职责、评估指标、工具等各管理要素的整合 • 分散资源的整合,如业务共享服务	• 通过流程E化提升流程执行效率和刚度 • IT系统的整合 • BI报表设计与推送 • 移动互联手段的应用,如手机批单系统
	步骤1	岗位1	是				
	步骤2	岗位2	是				
	步骤3	岗位3	否				
	……	……					
	步骤n	岗位n					

(续表)

配套方案设计	组织与职责	
	HR(培训/绩效)	
	其他(IT工具等)	

很多企业经常问笔者一个问题:"能否告诉我一个流程优化通用的方法?"这个问题还真难回答,如果说有的话,那就是广为人知的结构化思维方法了。

但被太多人询问这个问题后,笔者开始反思,也许一个万能钥匙的确不存在,但把常见的流程优化方法提炼成一个思考框架也许对很多人有帮助,这就是《流程优化一表通》的由来。

- 流程客户及流程价值衡量标准:笔者建议流程优化团队不要一下子陷入具体的细节,应该先抛开原有流程多多思考流程的客户及价值衡量标准,这非常重要,越是重大的优化思路越来源于对这两个问题本质的思考。

- 流程起点和终点:搞清楚客户是谁及客户要什么,项目团队就可以群策群力想想流程设计的起点和终点应该在哪里才能很好地满足客户的要求,这有利于设计更端到端的流程。

- 流程设计原则:围绕客户需求,项目团队可以讨论流程设计的基本原则是什么,比如客户满意度第一原则等,这有助于检验流程各环节设计是否符合导向。

- 标杆分析借鉴:一般企业遇到问题总是在企业内部翻来覆去讨论,其实绝大部分问题其他优秀的企业已经有非常成熟的解决方案,所以企业一定要通过搜索引擎等方法加强对标杆企业、类似行业标杆、某业务域管理方法标杆的研究和借鉴。

- 流程阶段优化:总结提炼为清除E、简化S、增加E、整合I、自动化A几大类,对每一个类笔者又提供了一些常见的方法。

- 配套方案设计:在上述优化方法的过程中需要对其他管理要素进行调整,比如组织架构与职责,或者绩效体系等方面。

需要说明的是,《流程360度评估优化表》并不能穷尽所有的优化方法,但它提供了一个相对完整的思考架构。不同的流程问题要根据实际情况灵活应用和补充。

下面笔者列举一些在生活或企业运营中的实例,详细说明各种优化方法的应用。

你认为会议室管理流程的客户和衡量价值是什么

会议室预定卡

预定时间					预订部门/人	会议名称	备注
月	日	时至 月	日	时			
月	日	时至 月	日	时			
月	日	时至 月	日	时			
月	日	时至 月	日	时			
月	日	时至 月	日	时			
月	日	时至 月	日	时			
月	日	时至 月	日	时			
月	日	时至 月	日	时			
月	日	时至 月	日	时			
月	日	时至 月	日	时			

　　有一次笔者去拜访某公司,在大门处被保安给拦住了,要求笔者出示通行证,然后笔者给企业接口人打电话,请他下来接。笔者希望把车停在公司里面,但保安没同意,然后笔者征求企业接口人的意见,他也没主意,然后给领导打电话请示,最后保安在公司领导的指示下才放行。

　　笔者进入办公区域后直接去会议室开会,结果发现会议室的门锁着。企业接口人打电话让办公室开门,过了一会儿,一个办公室工作人员拿着一串钥匙过来打开了门。在使用投影仪的时候,没找到遥控器,所以接口人又给办公室打电话,过了一会儿办公室另外一个工作人员走过来很熟练地从口袋里面拿出遥控器对着投影仪一点,投影仪终于可以使用了。

　　这不是特例,笔者至少在三家企业遇到过类似的情形。每一家公司都需要对会议室进行管理,而且会议室的管理一般会涉及会议使用人、会议管理部门等跨岗位的活动,而且也重复发生,所以这是一个典型的流程。但上面这家公司的会议管理存在的现象确实值得我们反思。

（1）会议室管理流程的客户到底是谁？很显然这家公司更看重的是公司资产安全，而没有把会议室的使用者当作第一客户。

（2）会议室管理流程的价值如何衡量？流程的第一客户选择是公司，所以该公司会议室管理流程的价值衡量就是资产的安全性。

回答完这几个问题，我想大家已经非常明白该流程的问题所在。所以如果一个流程的客户选择错误，整个流程从设计到绩效都会存在问题。

如果选择使用人做流程客户，我们再回答一下这两个问题：

（1）会议室管理流程的客户到底是谁？首先应该是会议室的使用人，然后才是公司，但随着会议室设备越来越便宜，该流程应该更加关注会议室的使用人这个客户，甚至可以将其作为唯一客户。

（2）会议室管理流程的价值如何衡量？一旦选定了客户，客户的价值如何衡量就相对比较简单了。其实，会议室管理流程最大的价值应该是鼓励大家多一些跨部门交流和协同，最终起到对战略及业务有力地支撑的作用，所以该流程设计一定要方便快捷，这是客户评价该流程好和坏的唯一标准。

我们推荐另外一个企业的做法。他们在会议室的门上做了一个简易框架，里面可以存放一叠《会议室预订卡》，凡是需要使用会议室的人都可以直接到会议室查看此会议室的预定情况并直接填写《会议室预订卡》，而电话会议系统和投影仪是可以直接使用的。这不但简化了会议室管理部门的工作，而且极大提升了使用人的体验。

另外，有一些公司为了鼓励各部门多交流，还对会议室的配置结构进行了优化。比如减少大会议室，设置大量的适合3—5个人的小会议室，这些会议室没有电话系统和投影仪，但有一些简单的会议设备，比如白板，而且这些会议室是完全开放的无须预定，且整个会议室会设计成玻璃墙半透明状态，这给所有员工提供了一个信息，即这些会议室是随时开放的，所以只要没人，推门即可使用。

这家航空公司的客户满意度调查流程为何无效

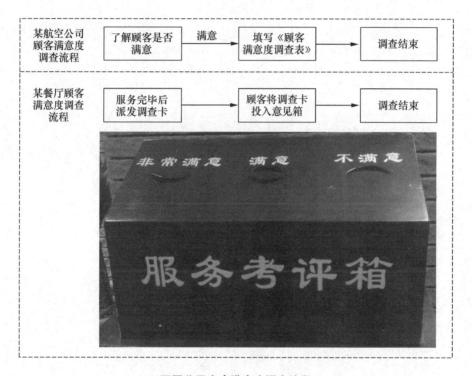

不同公司客户满意度调查流程

笔者曾经在飞机上看到这样一个场景：在飞机起飞阶段，坐在舱门附近的空姐与对面的乘客聊天，聊得非常投机，我心想空姐的服务素质就是高，每天面对很多乘客问同样的问题还可以回答得这样耐心细致。在完成餐饮服务后，这位空姐问刚才那位乘客："您好，您对我们的服务满意吗？"那位乘客说："满意啊。"然后空姐说："您能否帮我填写一张满意度调查表？"那位乘客当然义不容辞地接受了。笔者在想如果乘客说不满意，结果又会怎样？

每一个企业都有客户满意度调查流程，但往往效果并不好，就如这家航空公司一样。很显然，是客户满意度调查流程出现了问题，最后成了为了调查而调查，所以流程设计时应该根据客户需求制定一些设计原则，比如客户满意度调查流程的设计原则就是:真实反映顾客的想法。

　　现在再说另外一个设计得比较好的案例。笔者有一次去菌香园吃饭,从接待到就餐的整个过程,服务超出预期,笔者甚是诧异。吃完后服务人员给了笔者一张餐桌号码牌,然后一再叮嘱"请把此牌投在门口的服务考评箱中",原来顾客可以选择"非常满意"、"满意"、"不满意"三个地方投放,笔者想这肯定会决定笔者这一桌服务人员的考核评分或激励。

流程设计原则是判断流程科学性的标尺

动态评估原则	基于对内外部环境的正确评估和判断
沟通一致性原则	从上到下、从下到上，充分沟通、达成一致，保持战略一致性
时钟协同原则	确保职能战略、区域战略和整体战略在时钟运行上的一致
资源匹配原则	资源的分配与战略重点相匹配
目标量化原则	战略措施的可操作、可衡量
绩效匹配原则	战略目标和绩效管理相匹配
持续改进原则	通过诊断和回顾，实现持续改进

某企业营销经营计划流程的设计原则

上图为某企业营销经营计划流程的设计原则，这些原则为流程的设计以及处理流程问题提供了很好的判断标准。

动态评估原则：每年制定战略都需要基于当前内外部环境最新数据。

沟通一致性原则：在经营计划制订过程中，会设计多次的沟通会及质询会，确保大家对战略的理解一致。

时钟协同原则：各级部门的战略研讨会、经营计划制订及定期经营分析会按固定的节奏及先后逻辑关系，比如事业部完成内部的经营分析会，才会开公司层面的经营分析会。

资源匹配原则：在资源分配上，按照公司战略举措，对不同的区域及产品匹配相应的资源，保持经营计划与预算的一致性。

目标量化原则：所有的考核指标要量化，并且大家就数据统计的口径达成一致。

绩效匹配原则：核心的战略举措全部要反映到各级管理者的年度考核方案中。

持续改进原则：设计定期的市场巡查机制，了解外部环境及竞争对手的变化，以及本企业战略举措的成效。

电脑领用/归还流程中的清除非增值方法

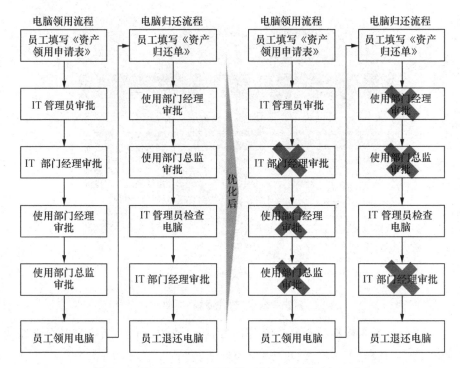

某公司新员工的电脑领用及员工离职时的电脑归还流程

某公司新员工的电脑领用及员工离职时的电脑归还流程如上图所示。

笔者说:"使用部门的经理和总监为什么需要审批?"

有一些员工就说:"那肯定需要看了,员工是这个部门的啊,他应该要知道。"

"他为什么需要知道? 他到底需要知道什么?"笔者反问道。

大家好像一时也答不上来,最后流程中把IT部门经理、使用部门经理和总监三个岗位的审批节点都取消了。

设计流程的时候,我们应该多问几个为什么。"为什么需要他审批?""他审批的目的是什么?""能不能简化这个环节?"

物流公司的流程应如何简化(1/2)

快件追踪

今天：2012/12/17 18:37:42

操作时间	走件流程	
2012-12-12 18:23:40	嘉县区北一部公司 已收件	
2012-12-12 21:40:46	嘉县区北一部公司 已打包	
2012-12-12 22:24:25	嘉县区北一部公司 已发出	
2012-12-13 19:22:47	司 已收入	
2012-12-13 19:44:36	司 已收入	
2012-12-13 19:44:48	司 已发出	
2012-12-14 22:53:23	司 已收入	
2012-12-14 23:01:08	司 已发出	
2012-12-15 02:08:04	司 已收入	
2012-12-15 02:10:17	司 已拆包	
2012-12-15 02:12:36	司 已发出	
2012-12-15 08:08:37	城公司 已收入	

> 既然客户一般都先到达快件追踪页面，为何不在此页面链接"全国客户经理电话列表""投诉建议"功能

某快递公司"快件追踪"页面

　　笔者曾经有一次在某商城购物，但网购后一直没到货。随后笔者在商城提供的快递公司网站上查询，结果发现"快件追踪"页面显示笔者的货物已于几天前到达本市，但奇怪的是接连好几天都是先出仓后退仓，而且注明"以无法签收退件"，但笔者明明没接到电话，为何反馈无法签收呢？笔者估计这是物流公司的配送能力因为节日的原因无法及时送达，但可能因为考核的原因导致做了一些虚拟操作。

　　在此页面显示出了配送人员的联系手机，但接通后他告诉笔者他已经休假，让笔者再联系其他人。笔者想查询一下当地配送点的电话，所以笔者又去翻查网站的其他页面，找到了，但结果是一直无法打通。所以，笔者又想提提建议，又去翻查网站的其他页面。

　　其实，对于客户而言，快件的查询—咨询—意见反馈是一个端到端需求，如

果在快件追踪页面，直接连接甚至嵌套"相关配送点联系信息"及"意见反馈"页面那就再好不过了。

所以，有时候流程可以设计得端到端，工具作为流程的外在载体，如果工具没有端到端设计，最终也无法达成流程的目标。

物流公司的流程应如何简化(2/2)

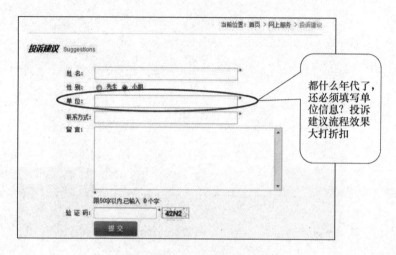

某快递公司"投诉建议"页面

  事情还没完,当笔者进入"投诉建议"页面后,填写过程中发现必须填写"单位"信息,想提建议和投诉的心情突然荡然无存。

  很多人不愿意在网站上透露过多的个人信息,如果"单位"是必填项,有可能会使得很多人填到这里就不投诉了:反正就是多等几天,何必呢?对于企业而言,无法从售后服务中得到客户真实的信息反馈,就失去了提升服务质量的机会。

  所以,无论企业的流程设计得多么完美,如果与客户对接的工具不简洁,都会大打折扣。

大型超市增加绿色通道满足了什么需求

某大型超市的"绿色通道"

我们在大型超市经常会发现有专门为只购买五件以下商品的顾客设立的绿色通道。这对于提高结账环节的流程效率至关重要,如果没有绿色通道这些顾客就不得不与购买一车商品的顾客一起排队等候结账。

整合后的行政办事大厅广受市民欢迎

行政综合办事大厅

过往去行政部门办理一个证件,由于不同的部门分散在不同区域,一定要有"过五关,斩六将"的毅力才行。不过,随着市场经济环境的影响,各地政府为提高市民满意度,逐渐建立起了各种综合办事大厅。这就是生活中最鲜活的例子。

第六章 流程优化项目管理六步法

流程优化不是一味地简化删除,而要综合考虑企业能力

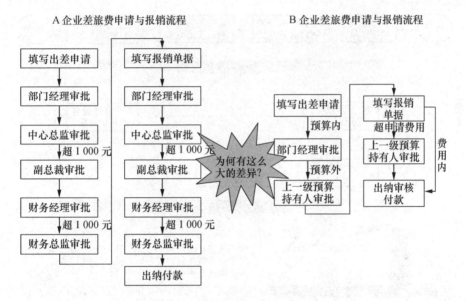

两个企业的差旅费申请与报销流程

上图是两个企业的差旅费申请与报销流程,我相信有相当一部分企业同A企业的流程非常类似。A、B企业费用报销流程最大的差别在于,B企业通过预算管理简化了费用管理流程。很多企业在优化流程时,总是一下子陷入到细节中,比如中心总监审批的额度是否增大等,其实你站在更高的视角去审视流程会发现更大的优化空间。

不过,笔者也是想通过这个案例强调另外一件事。B是某外企,有非常完善、精细化的预算管控能力和IT支撑,而中国目前很多企业的预算管控体系还非常粗放,也没有强大的IT系统支撑,所以流程优化也不能一味地"攀比",至少要与企业能力相匹配,否则就会适得其反。另外,B企业员工填写报销单后可以直接邮寄给企业出纳进行付款审核,企业内部有非常严密的审计机制,一旦发现有作假行为,员工会马上被辞退。

所以,流程设计要与企业能力匹配,也要与企业执行力匹配。

某企业综合运用流程优化方法提升工作效能

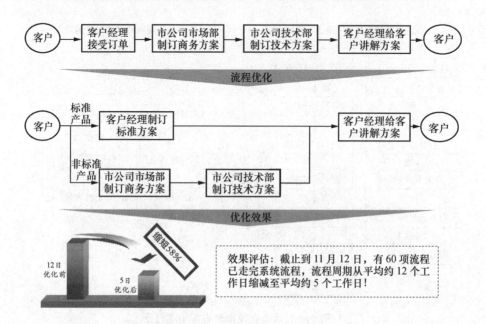

某企业的流程优化方案

上图是我们为某企业设计的优化方案,效果比较明显。在这个流程中我们主要应用了几种优化方法:

（1）简化S:通过权责下沉,客户经理承担标准产品的方案设计。

（2）增加E:通过流程分类实现了效率提升,梳理标准产品标准方案模板控制了风险,加快了处理速度。

（3）自动化A:通过IT系统实现了流程的快速流转。

思考题:一个令人愤怒的借条

国内某宾馆的借条

```
                    借条                    0006666

客人姓名:_____        日期:_____
出借时间:_____        房间号码:_____
出借物品:_____        离店时间:_____
押金: 无  有  金额_____    其他:_____

    为了防止对我们饭店其他客人带来不便,请您在_____小时内交还给_____,或者
致电分机_____,以便我们来收取。

    您所借用物品价值_____,为了使您离店手续快捷,请您确保在办理离店手续之
前把所借物品归还给_____,否则该用品将结算在您账中。

客人签名:_____        经手人:_____
```

这是国内某宾馆的借条,有一个客人因为借熨斗而被要求填写这张巨复杂的表单,他因此非常愤怒。在给企业做内训时笔者经常拿此例子做演练,发现真是典型的案例。笔者想留一个思考题给读者演练一下,并思考几个问题:

- 流程客户是谁?
- 流程价值衡量标准是什么?
- 流程设计原则是什么?
- 这个流程优化的 ESEIA 在哪里?
- 你还有更好的解决方案吗?
- 所有的酒店都能采取一个解决方案吗?有什么影响因素?

达成共识的优化方案才能落地

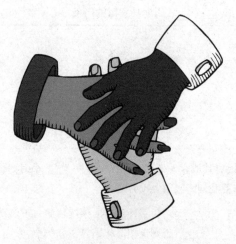

流程优化方案落地需要大家达成共识

因为方案是由项目成员设计的,而很多项目成员都是各岗位的一个代表,一是设计方案的高度可能不够,二是方案设计的全面性及合理性也可能存在不足,所以,流程优化方案设计后,一定要召开流程优化方案评审会。评审会有两个目的:一是让相关方领导对优化方案有充分的了解和反馈,达成共识;二是让各岗位代表对流程优化方案有详细的了解和反馈,以便完善方案,提高方案的可行性及可操作性。

项目组需要邀请该流程涉及的各部门最高管理者开会确认,重点讲解新流程的设计以及优化前后对各岗位职责操作带来哪些变更,以及项目预计的收益。千万不要小看这个环节,忽略该环节,往往会导致设计的方案根本无法落地。

所有的流程优化尽可能固化到 IT 中

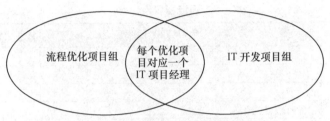

每个项目通过一个 IT 项目经理链接 IT 开发主

流程优化的 IT 固化开发

我们把 IT 方案设计与开发单独拿出来作为六步法中的一步,就是想强调 IT 对于流程落地的重要性。

我们鼓励所有的流程优化方案最终都落实到内部 IT 系统中,这对于优化后新流程的执行绝对是一个强有力的保障。

至于流程项目组和 IT 部门的协作,我们建议 IT 部门为每一个流程优化项目指定一个 IT 项目经理,并接受整个项目组的考核。

在 IT 方案设计与开发阶段主要有几项工作:

(1) 与 IT 开发部门确认需求;

(2) 项目组根据 IT 开发部门的"开发计划",密切跟进 IT 开发进程;

(3) IT 开发部门提交《IT 设计方案》,并与项目组达成共识,签字确认;

(4) IT 开发人员完成系统操作手册的编制;

(5) 项目组协同 IT 开发部们做好测试工作,项目组一定要和 IT 部门一起设计各种类型的模拟数据,千万不要把问题带到工作一线。

如何做好新旧流程切换

新旧流程切换计划

工作项		工作内容/工作质量要求	负责人	截止时间	完成情况
制度编制					
培训和推广	培训教材的编写				
	教师的安排				
	培训实施				
新旧流程切换	新旧流程切换会议				
	上线通知				
	上线及问题处理				

项目上线问题汇总跟进表

编号	存在的问题	问题性质	处理状态	处理方法	责任人
01					
02					
03					
……					

一旦 IT 系统开发并测试完成,就进入新旧流程的切换工作,主要工作包括:

(1) 流程制度的更新与发布;

(2) IT 操作手册的编制与发布;

(3) 培训组织;

(4) 流程上线会议;

(5) 正式的上线通知;

(6) 上线问题的持续跟进处理。

一个神奇模板:流程优化成果汇报模板

XXX公司流程亮剑行动

XX流程优化成果汇报

XX流程优化项目组　　　　　　　　　　XX年XX月XX日

本模板使用说明

- 为了便于大家阅读，每一个流程优化项目形成单独一个文件。
- 以下PPT模板仅供参考，您可以在此基础上做适当优化。
- 以下PPT各页面之间的逻辑只是提供一种笼统思路，具体内容如何展示，可以根据本项目特点调整、分拆甚至部分页面整合。
- 一定要注意简洁有力，把控好时间。
- 字体要大，避免长篇大论。
- 整个PPT在XX分钟左右讲解完。
- 汇报者：各项目经理
- 汇报时间：　　年　月　日
- 汇报地点：三楼大会议室
- 参与人：公司总经理、公司副总经理、各部门总经理、项目组、各优化团队

- 请提前完成PPT（XX年XX月XX日），然后提交项目执行办公室
  XXX　分机　email
  审核并提出完善建议

项目简介

- 简要介绍项目背景

- 简述流程问题

- 陈述项目目标

- 项目计划及目前工作进度

流程优化成果汇报 PPT 模板

XX流程优项目组介绍

项目团队成员	部门	姓名	职责
项目指导			
项目经理			
项目秘书			
项目成员			
项目成员			
项目成员			
项目成员			
项目成员			
项目成员			
项目成员			

注意介绍一下项目外围参与人员，比如参与测试的人员等。

第4页 共 页

XX流程现状与核心问题

- 简要介绍项目背景。
- 陈述流程现状及存在的问题，问题的描述要能与最终优化成果一一对应。
- 问题描述力求数据支撑，如"目前竞争对手该流程时效为10天，我们为15天""客户满意度调查得分3.5"等。
- 采用一些示意图或流程图及图表，增强效果，便于评委理解。

第5页 共 页

流程优化成果汇报 PPT 模板(续)

XX流程优化思路和方向

- 阐述解决问题的核心思路和核心方法,解决思路一定要全面、完整。

- 可以采用一些示意图或流程图及图表,增强效果,便于评委理解。

项目成立以来我们做了什么?

- 主要是给大家一个直观的概念,后面成果是如何得来的。
  - 比如举办了什么活动;
  - 比如开了xx场交流会(正式与非正式);
  - 比如针对xx群体,举办了xx场培训;
  - 比如做了xx场现场调研;
  - 比如重要的宣传海报;
  - 比如上线后多少问题的处理和跟进(上线问题跟进表可以截图);
  - ……
  - 项目过程中注意拍照,便于项目宣传和展示。这同样是公司营造流程文化重要的一部分,所有的照片、视频等请转交项目组做宣传使用。

流程优化成果汇报 PPT 模板(续)

> **XX流程优化后的实际或预期成果**
>
> 对比现状,做了哪些优化。可以将已完成的流程图或者流程文件截取界面作为背景,在之上用红色圆圈标注主要改进点,如果流程图复杂则画示意图,可从以下多个方面考虑提炼:
>
> 1. 通过流程的优化,解决了现状中的哪些问题
>   - ✓ 职责分工明晰;
>   - ✓ 实现跨部门业务协同;
>   - ✓ 提高风险控制;
>   - ✓ 实现效率提升;
>   - ✓ 最佳实践提炼。
> 2. 通过流程建立,对目前尚未开展的业务进行规范化
>
> 注意:
> 1. 尽量避免大量文字,采用一些流程图或示意图及图表,甚至可以做一些视频,易于大家理解。
> 2. 成果应该尽可能多一些数据支持,比如节约成本、效率提升百分比、风险下降等。
> 3. 成果展示一定要新旧流程前后对比。
> 4. 成果尽可能分解说明,尽量避免笼统一句"流程得到规范化",直接分拆成几个具体实例:"新制定了XXX模板""制定了流程XX环节的管理标准",等等。
> 5. 成果要分类、分重要度展示,比如分规范、优化、信息化、风险控制、成本等类别。
> 6. 重点突出,改善效果最大的放在最前面详细阐述。
> 7. 必要时做一些客户或用户调研。
>
> 第8页 共 页

流程优化成果汇报PPT模板(续)

我们提供了一个简易的流程优化成果汇报PPT模板。其实,这不仅仅是一个工具,这个工具对于整个流程工作的意义非常重要。

一般企业采取的做法

很多公司或者部门启动流程优化工作,习惯于采用职能命令式,即由组织部门发通知要求大家一定要根据公司的要求对本部门/本岗位工作进行优化,寄希望于大家自发、主动、积极高质量地完成工作。但最终结果往往是:85%的部门和岗位提交白卷。原因很简单,说白了,压力并没有传递下去,压力从来就没有跑出流程管理专业部门的办公室。

采用模板的关键步骤

第一步:在工作启动时,就通知各部门,它们需要在未来,比如3个月后,参加成果汇报大会,由它们向包括公司领导在内的全体高层领导汇报流程工作的成果。

第二步:模板会给各部门指明方向,以终为始地展开工作。比如模板中会要求,各部门一定要把工作价值体现出来,而且一定要用数据说话,且给出了一些维度,比如时间/成本等。这一是避免各部门汇报材料千奇百怪,更重要的是告诉所有部门量化价值是最终检验标准。

第三步：成果汇报大会时，由各部门代表上台，如果能设置一些评奖环节，效果更佳。这不但是给大家压力，更重要的是给大家展现本部门／本岗位的机会，把责任传递下去的同时，一定要把荣誉也给到他们。因为只有他们成功了，流程管理工作的价值才能被认可，流程管理部门的工作才能被公司认可，流程的文化才能得以塑造和夯实。

简而言之，模板的主要意义在于：
- 通过优化工作方法，提高业务部门的参与度，激发它们的主观积极性；
- 以终为始指导大家的工作，从而提高工作效率和工作质量；
- 促进公司、业务部门、流程管理部门、个人的多赢。

如何评估流程优化的效果

流程亮剑行动——各流程优化项目成果评估表

项目名称	项目的产出 (50分)	项目运作的规范性 (35分)	项目的难度 (工作量及跨度) (15分)	总分

评分标准：

评分项	评分要素	评分细则	评选人
项目的产出 (50%)	项目产出的完整性	流程图、描述文件、表单、模板等	公司高层、流程亮剑行动项目管理办公室、咨询顾问
	项目改进思路和方案的合理性	1. 流程优化的思路是否科学、合理，符合业务的发展方向和公司的发展重点 2. 流程优化的方案是否符合公司实际，是否能够落地执行	
	是否达到预定目标	1. 优化后流程是否能够实现最初制定的目标 2. 量化的优化成果	
项目运作的 规范性(35%)	项目是否按照主计划推进	流程运作的关键节点的推进时间与项目整体计划的偏差度	流程亮剑行动项目管理办公室
	周报上报及时、内容翔实	是否及时、按照要求填写并上交周计划	
项目的难度 (15%)	流程涉及的部门和范围	流程是否涉及较多的部门，影响的范围比较广	流程亮剑行动项目管理办公室
	流程前后变化的大小、涉及工作量	比如是否涉及职责变更，是重新设计流程还是仅做部分调整	

流程亮剑行动——XX流程优化项目成员贡献评估表

项目成员姓名	贡献值(%)	激励计划

上面两个账表为流程优化项目成果评估与成员贡献评估表的一个实例，可以根据需要对考核的要素做一些调整。

不要闷头做事,要让大家知道流程工作的成果

流程优化宣传图

很多公司开展流程工作不重视宣传工作,这是极其错误的。只有让大家透彻了解流程成果和价值,才能获得足够持久的支持。这不是为了浮夸,而是为了避免因信息不对称而导致缺乏足够的共识。

针对项目阶段性成果,公司通过海报、视频、内部 OA 平台、群发短信等多种方式开展内部宣传,提升内部流程文化。内部宣传的原则是"价值导向",即以宣传梳理优化成果为主,以提高全员对流程工作价值的认可和参与,尽量减少过多空洞的理念宣传。

流程优化运作时钟

流程优化运作时钟

很多企业都计划搭建流程管理长效机制,我们建议最好还是先围绕流程优化工作建立长效机制更为实际。

上图提供了一个参考,按时间维度,流程优化工作一定要形成固定节拍。长效机制的几个关键点:

(1)公司领导的大力支持;

(2)成立流程管理的长效组织,可以是虚拟组织;

(3)成熟的流程方法论;

(4)固定节拍。

流程优化工作的五个坚持

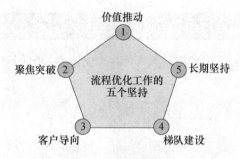

流程优化工作的五个坚持

- **价值推动**：聚焦流程优化，淡化单纯的流程梳理等。流程优化是流程管理工具在企业生根发芽之本，要通过"短平快"的流程优化项目产生实实在在的价值，通过阶段性成果推动流程管理工具在企业的深入和形成流程文化。

- **聚焦突破**：聚焦公司战略、聚焦具体项目，不贪"大而全"，而重视"小而精"，要以点带面通过及时解决领导最紧急的困惑，取得全员支持。

- **客户导向**：以公司领导、业务部门为内部客户推进工作。在需求收集、问题解决等各个工作环节，真正做到"急客户之所急"，由"行政命令性"向"服务支持性"意识及运营模式转变，从我们要求各部门做，到各部门争取资源希望通过我们这个通道帮他们解决问题。只有客户成功，流程工作才能取得更大成功。

- **梯队建设**：面向行动培养流程管理人才，要全员参与。所以针对各级员工，要开发不同的培训课程，而且注意理论和实践的结合。减少大课，增加小课，在企业内部持续推广，形成共同语言。

- **长期坚持**：一项管理工具，真正在企业生根发芽，并得到领导及各级部门的认可，需要长期坚持，遇到任何问题坚持不动摇。以流程优化项目为主导的长效机制至少应运行一年半的时间，才能非常顺畅高效地运作。

第七章　端到端流程优化实例：战略执行流程

企业缺少战略执行的能力

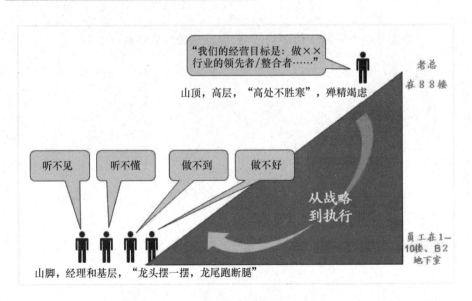

从战略到执行

随着企业规模的快速增大，某企业董事长越来越力不从心："为什么我在会议上一再强调的工作无法得到落实，比如说我们要提高客户服务，但为何客户还一直不断打电话向我投诉？"

笔者说："你们今年针对客户服务有没有制定目标？"

董事长说:"我们的年度经营计划中制定了啊。"

经过了解,该公司经营计划书是由企业管理部总监根据董事长在一些会议上的讲话提炼总结而成。从该经营计划书中,可以看出,的确有一个"为客户提供五星级服务"的目标,但五星级服务是什么?包括哪些方面?目前现状如何?关键点是什么?如何改进?如何衡量?谁来执行?如何监督?……这些信息都没有任何说明。

企管部总监说:"公司提出要求,各部门自己去执行,但目前因为人手原因,并没有专门跟进具体执行情况。"

笔者说:"那公司应该会定期回顾这项工作啊,比如每月开经营分析会。"

企管部总监说:"我们也开会啊,但不一定谈这个议题。"

后来,笔者才知道,该公司月度经营分析会基本上就是茶话会,就是每个部门负责人简单谈谈最近的工作情况,有什么需要公司协调的,而且基本上是报喜不报忧。

笔者说:"难道这项如此重要的工作没有纳入考核?"

企管部总监说:"没考核,我们营销部门就考核销售收入和营销费用两个指标。"

一个企业往往并不缺少清晰的战略,但绝对缺少战略执行能力。

通过战略研讨会达成战略共识

战略研讨会

首先,应该避免企业老板一言堂。目标执行的第一步,首先应该是目标的传达和理解没有问题。

比如,每年10月份,公司领导可以召开由公司高层组成的团队参与的会议,对第二年的战略目标及核心举措进行讨论,讨论的形式为Workshop。最终的产出主要为:第二年的战略目标、公司层级组织架构调整及重大人事任免、运营模式改变、核心的战略举措。

或者说,公司战略研讨会主要是解决"企业做什么、不做什么"的问题,并对关键的举措达成共识。

某公司人力资源总监向笔者咨询:"我现在跟您说一个我们企业存在的很常见的现象,您看应如何解决。比如,我们今年年初给营销中心新定了一个有关

'解决方案数量'的年度考核指标，目的是强化公司从提供产品到提供解决方案的经营转型导向。但到年底时，营销中心老总跟我说，是否可以把此指标取消。因为解决方案的定义现在公司内部也没有统一明确的标准，而且这些事情也不是他一个部门能搞定的，再说也缺少资源。您说应该如何处理呢？"

其实，这不是简单的考核指标设计的问题，源头在于"解决方案"在公司层面从来就没有达成过共识，哪怕是最基本的定义。

战略研讨会的产出就是公司 OGSM

公司年度经营目标/公司总经理 OGSM 模板

O 目的	G 目标	S 策略	M 衡量标准	责任部门/人
财务				
客户				
流程				
学习发展				

战略研讨会的结果就是公司高层达成共识的公司总经理的 OGSM。在 OGSM 里会从财务、客户、流程、学习发展四个层面描述公司第二年的战略目标及核心的战略举措,并对每一条战略举措都明确了衡量指标和责任部门,下页图中为 OGSM 的具体含义。

是什么 What		如何 How	
O 目的	G 目标	S 战略	M 衡量指标
文字	数字	文字	数字
• 我们公司需要实现什么 • 定性描述一个看起来对获胜非常重要的重点方面	• 我们如何衡量达到目的的程度 • 1个目的通常有1—2个目标，它们是对目的最好的数字解释 • 每年的量化目标	• 我们如何达到目的和目标 • 定义了制胜的竞争优势 • 为我们将做什么和我们将衡量什么指明方向	• 用数字化的目标衡量实现战略的程度 • 每个战略都有1—2个衡量指标，这些衡量指标是对该战略的最好的数字化解释

成功的战略实施应该帮助达到目的　　　完成措施应该等同于达到目标

OGSM 的具体含义

各部门通过 OGSM 工具分解经营计划

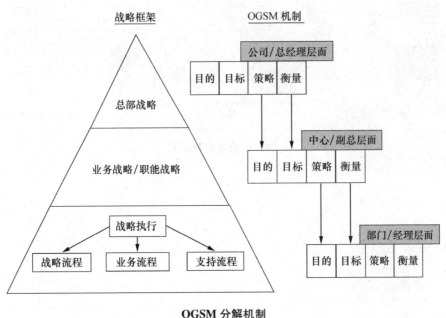

OGSM 分解机制

公司高层达成战略共识后,还需要自上而下进行分解。比如公司提出"建立五星级服务体系",但具体如何打造呢?这需要详细分解到可执行的经营计划。

这就需要相关部门根据公司提出的战略要求,进行分解并制订方案。

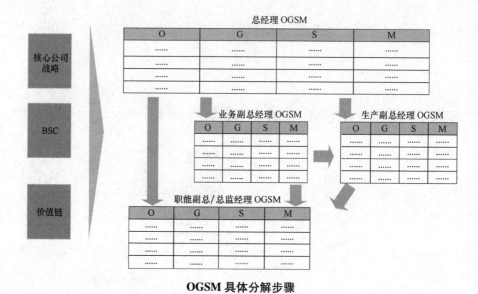

OGSM 具体分解步骤

各部门制定 OGSM

部门 OGSM 模板

目标来源	工作项	O（目的）	G（目标）	S（策略）	M（衡量指标）	T（重点工作）	重要度排序	责任人	协作部门	完成时间	资源/预算
承接公司业务部门及上级部门目标	1										
	2										
部门职责	3										
	4										

需要注意的是，部门在分解公司 OGSM 时，承接目标来源有两个：一个是公司 OGSM，另外一个是部门职责。

比如，公司 OGSM 可能仅仅对人力资源的绩效体系方面提出了战略要求，但作为人力资源部门很显然不能仅仅分解绩效体系工作，还要对人力资源其他模块的重点工作制订计划。

部门制定 OGSM 时，如果涉及其他部门，需要和其他部门共同讨论行动计划，而不是闭门造车。

经营计划及预算质询会

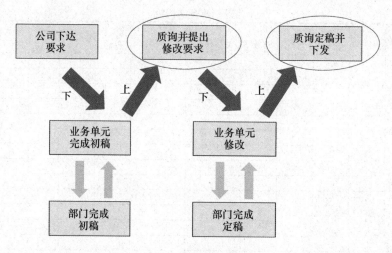

两下两上的质询会

以往,企业各部门的经营计划往往是由部门负责人或者其助手直接制订的。这样的工作模式,同样给执行带来很大的问题。首先是下属不明白工作的意义和目的,也不知道如何达成,所以,最后就变成互相推卸责任。上级认为下级不努力工作,下级认为上级从来不提供支持,甚至不说明白到底应该做什么。

优化后的经营计划流程,在制定过程中,至少会有两下两上的质询会。质询会的目的就是,上下级不但对目标达成共识,而且对达成目标的路径及潜在风险都要充分讨论,最后对所需要的资源及工作的要求也达成共识。

而且,经营计划制订的过程,还有一些无形产出:

- 共识:我们都明白目标在哪里,实现的策略及路径是什么,核心要素是什么,都会存在哪些风险,集中资源主要做哪几件最重要的事。

- 协同:我知道我必须在第一季度完成多少个店长招聘,否则销售很难完成今天的开店任务,也就很难达成目标。

- 节拍:我们设置了一些里程碑,我们会定期定点检讨和改进。
- 精准:风险我们已经讨论过了,我们已经制定了针对策略。
- 信心:沙盘推演已经求证过了,我们对这次任务有十足的信心。
- 沟通:大家群策群力,对目标进行了充分的沟通和理解。

计划与预算的对接

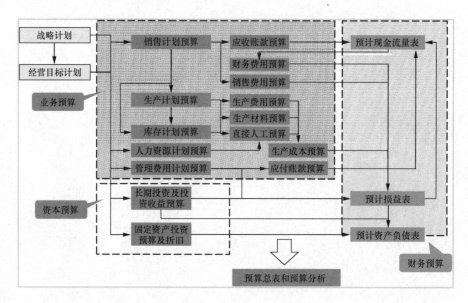

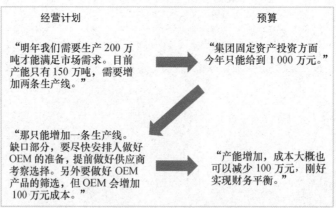

经营计划与预算进行对接

最终，经营计划要与预算进行对接。财务预算的精细化程度与业务计划的精细化及内部核算体系有关，所以，全面预算往往并非一蹴而就。

制定与经营计划匹配的绩效体系

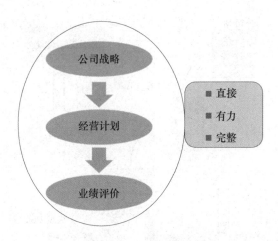

从公司战略到业绩评价

很多企业绩效体系往往存在以下几个问题:

- 考核模式不合理。比如很多企业高层考核,全部采用月度考核的方式,这是非常不合理的:第一,劳民伤财;第二,很多工作是短期很难衡量的。
- 无法对接战略。比如明明搭建五星级服务体系很重要,但营销部门仍仅仅考核销售收入及营销费用,考核什么就产出什么,既然都不考核,这项工作得不到大家重视也是很正常的。
- 考核指标设计不合理。比如某企业对生产总经理的其中一项考核指标为质量,但经测算,质量每±1%,对生产总经理的影响是±1 000元,而对公司利润的影响则是500万元。但如果采用虚拟利润的形式,质量每增加1%,奖励50万元,每降低1%,惩罚5万元,这样的考核方式,可能对生产部门的激励会更大。

所以,完成年度经营计划后,一定要由薪酬委员会建立能够直接、有力、完整支撑战略的绩效体系。

目标分解要保持纵向一致和横向协同

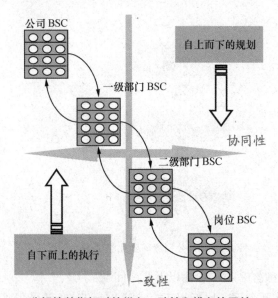

分解绩效指标时的纵向一致性和横向协同性

在分解绩效指标时,需要注意保持纵向一致性和横向协同性。

而且,指标的设计可能存在几种情况:

- 共享目标。比如公司目标是销售收入 50 亿元,A 事业部也需要设置销售收入指标,并且所有事业部销售收入指标总和至少要大于 50 亿元。
- 转换目标。比如公司利润率指标,可能会转化为产品平均价格指标。
- 特有目标。比如生产车间设备空转率。
- 跨部门之间的横向联系和需求。比如营销中心开新店 50 家,那意味着人力资源部门要负责招聘 50 个店长。

从经营计划到运营计划

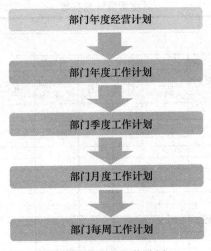

从经营计划到运营计划

各部门制订年度经营计划后,在执行过程中,还需要完成从"经营计划到运营计划"的转变,运营计划要比经营计划更加细化。

比如,经营计划中可能有一项工作计划由品牌部总监负责完成,但具体执行时,需要分解为季度计划及月度计划,甚至周计划,而且可能要分配给三个下属分别完成。

月度运营计划模板

月度运营计划模板

使命:									
部门目标:	1. 2.								
计划制订人:		直接汇报上级:			制订日期:		计划周期:		
目标	战略	战术	责任人	协同人	衡量指标	完成时间	完成标志及总结	未完成原因分析、何时完成	权重

月度经营分析会

月度经营分析的量化指标概述

类别	序号	What 工作内容	Who 负责人	When 完成时间	How much 完成标准	完成情况
核心运营指标	1	销售完成率(%)				
	2	三大系列产品销售完成率(%)				
	3	优等品平均单价达成率(%)				
	4	库存周转率(%)				
	5	资金回笼率(%)				
	6	客户分析(第三季度新客户开发)				
其他重点工作						

目 录

- 本月度工作完成情况总体回顾
- 本月度工作具体经营指标分析
- 下月度工作计划

月度经营分析的内容目录

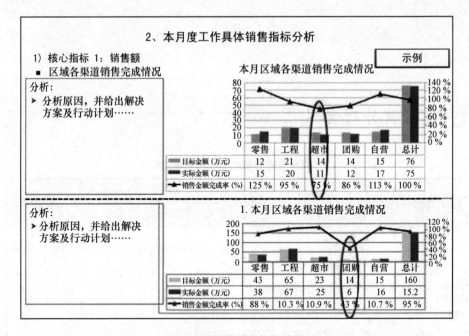

月度工作具体销售指标分析

企业董事长对笔者说:"为什么我们公司的员工缺乏系统思考的能力?"

笔者认为这是很多战略执行力比较差的公司遇到的普遍困惑,于是就说:"我们不妨打个比方。一个大学生刚毕业,进入一家知名外企,例如宝洁公司,或者进入一家普通民企。你认为两年后,在哪家企业工作,他的系统思考能力会比较强?"

董事长说:"嗯,应该是在宝洁。"

笔者说:"嗯。如果在宝洁,无论是工作过程还是工作工具都是系统化的,比如新产品研发流程模式,比如会议体系,等等。所以,从某一个角度来看,员工的系统思考能力首先取决于企业而非个人。"

事实上,笔者做过最有成就感的工作之一,就是在某企业推行月度经营分析会模板。这家企业以前的会议也是茶话会、拍马屁会、听领导讲话会,即使有一些文档,也是一些毫无逻辑的文字列举,完全看不出和公司经营计划的相关性,再加上报喜不报忧,所以很多问题被掩盖了。

但是,我给每一个部门设计了月度经营分析模板,规定每个部门汇报必须包含三个议题:本月工作完成情况总体回顾,本月具体工作指标分析(细化到哪些指标、数据及图表格式、问题分析等),下月工作计划。

这个企业老板有一天告诉我:"自从使用了月度经营分析模板,我发现现在会议效率和质量提高了很多,而且中高层的意识和氛围也在改变,大家开始关注解决问题,而不像以前那样是在掩盖问题。"

我说:"那是肯定的,毕竟'库存不再是秘密',必须每个月进行数据汇报并提出行动计划,而以前完全可以不说。"

季度质询会

业绩质询会

每个季度公司应该召开自下而上的业绩质询会,主要目的是对每个部门的经营计划执行情况进行审核并制订后续行动计划。

一般与会者包括总经理、各中心负责人以及规划、预算及业绩考核人员。

主要的议程包括:首先每一位中心负责人介绍该单位的业绩达成情况,并对其中较差的目标展开分析和说明,然后总经理和其他高级管理人员提出问题,进行质询,最后大家制订解决问题的方案和行动计划,并达成共识。

根据我们的经验,要注意:

• 投入足够的时间。"没时间",这是很多企业很可笑的回答,但事实上,很多企业认为质询会很浪费时间,这绝对是一个误区,单靠点对点沟通很多问题是很难解决的。

• 强调重点。针对重点部门、重点问题进行重点质询。

• 不要把质询会开成汇报会。要扭转大家的心态,针对重要问题要进行彻底讨论,而不是汇报一系列的数字。

• 群策群力的方式,而非变成对垒。

• 做足准备工作,比如数据及测算,而且每个部门必须按照固定的模板汇报。

第七章 端到端流程优化实例：战略执行流程

思考题：流程难道就是画流程图

画流程图仅仅相当于看到光缆里面有什么

通过战略执行闭环流程的案例，笔者希望大家思考一个问题："流程难道就是画流程图吗？"

很显然，现在流程已经从狭义的流程变为广义的流程，从流程管理变为以流程为导向的管理。流程一定要集成其他要素，比如案例中的会议体系就是实现战略执行流程落地的核心的、必要的保障手段之一。

而且，一个流程也并不是说梳理出流程文件就万事大吉了，这仅仅是流程能力塑造万里长征的第一步。流程能力真正得到建立，是一个渐进的过程，而且在某种意义上，这更是一个体力活，需要长期规划，但也要立足眼前，更需要持之以恒地坚持和捶打。

下面我们就以月度经营分析会举例说明。这个会议真正能发挥作用，可能要经历几个阶段：

- 模板化：从各部门百花齐放的汇报方式，到统一汇报模板，强调基本要素，比如规定内容至少包含三个部分，即上个月计划回顾，核心运营指标汇报，下个月工作计划，但对具体如何汇报没做具体要求。
- 精细化：从统一简易模板，到模板精细化。比如制定各部门特性的汇报模板，明确模板中的各个要素，比如描述下个月计划必须采用标准的表格，至少能包含工作项、责任人、完成时间、检验标准等几个要素。

● 价值化：从形式的标准化，到追求内容的价值。比如，如何确保汇报内容与年度经营计划紧密相关？行动举措与问题的对应关系是否足够直接？行动举措是否区分了优先级？行动举措是否有匹配资源及闭环跟踪机制？等等。

对于一般企业，月度经营分析会从无序到有序再到高效，至少都要经过两年时间，这中间需要经历大量的培训、推广、跟踪，等等。

第八章 流程与公路

流程与公路有很多相通之处

流程与公路有很多相通之处

流程与公路有非常类似的特性,比如:
- 都有起点和终点;
- 流程可以实现输入到输出的价值转变,而公路的客户缴纳费用后,公路可以为客户实现物理转移的价值;
- 都是短期相对固化,但长期需要持续调整和优化;

- 流程分等级，公路也分等级；
- 流程需要结合其他管理要素发挥效能，公路亦是，需要结合IT、组织等实现其功能。

所以，我们把流程与公路放在一起做一个类比，以便让读者更容易理解并记住流程。

流程是客观存在的

没有命名的路,也是客观存在的

　　流程如路一样都是客观存在的,无论是否正式命名。
　　我们在为某企业提供流程咨询服务时,财务部负责人说:"我们部门非常专业,我们只有制度没有流程,所以我们是否可以不参与本次流程梳理项目?"这是非常错误的认识,只要工作需要跨部门协作就存在流程,无论流程是以何种形式存在的。

作为用户你也未必了解流程现状

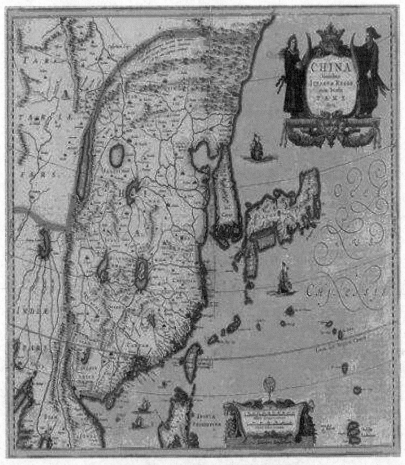

17 世纪西方传教士绘制的中国地图

上图是 17 世纪西方传教士绘制的中国地图。实际上，根据我们的经验，大多数企业高层及员工对企业内部流程的了解程度并不比这幅图更深。

部门割裂了流程，所以很多企业员工往往仅仅了解本部门的一段，而对端到端流程并不了解，对整个公司的业务流程体系更是知之甚少。在这种情况下，流程执行的效果可想而知。

流程全景图类似于公路网络图

国家高速公路网布局方案横向通道

流程全景图与公路网络图有异曲同工之处。

可以通过公路网络图鸟瞰整个范围内的公路目前的覆盖情况,进而对公路网络的建设进行规划和优化。同时,公路网络图一定会反映国家的发展特点,比如中国的公路网络图肯定是东部沿海地区比较密集,而且要根据发展特点规划,比如衔接南北的京港澳高速大动脉。

流程全景图亦是如此,必须反映企业的战略和商业模式,并能体现核心竞争力。

流程系统与其他管理要素可整合应用

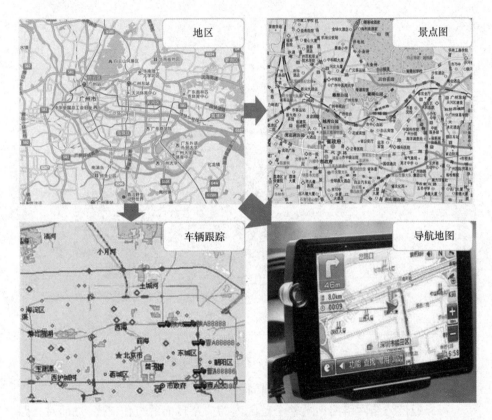

公路各种应用要素的整合应用

流程系统设计好后,可以与其他管理要素进行整合应用。比如与风险控制结合,形成流程—风险矩阵图,也可以以流程为导向建立知识管理体系,还可以建立以流程为导向的培训体系等。

公路图的应用同样非常广泛,比如专门针对旅客设计的旅游地图,也可以适用于 GPS 导航,与监控技术整合后还可以用于对船舶的实时监控及运力规划。

流程图类似于公路线路图

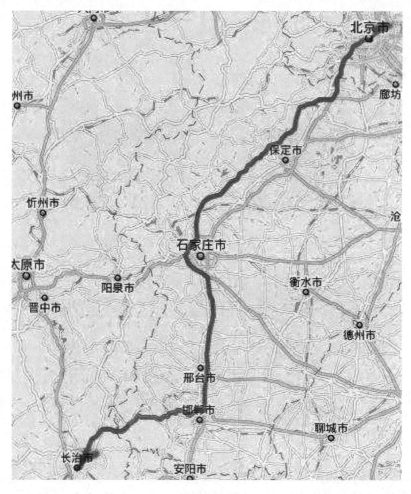

公路线路图

流程图有点像公路线路图。流程图可以看到从哪个部门及岗位开始到哪个部门岗位结束,公路线路图也可以看出经过哪些城市。

流程 IT 化是重要的管理手段

乡间小路与高速公路

　　流程 IT 化犹如普通乡间土道改为高速公路，不但可以纳入整个高速网管理，而且可以极大地提高流程的执行效率，而且利于监管，同时也极大地降低了交通事故的发生。

同样的流程在不同企业呈现不同形态

不同类型的路有不同的形态

同样是公路，在一些沿海发达地区质量就比较好，但在一些乡村修建的质量却非常差。这和不同区域的经济环境、当地人文环境等有关。

流程亦是如此，同样是招待流程，有一些公司就根据招待对象、招待目的等要素的不同设计不同的流程，并且流程描述非常详尽，但有一些公司招待流程就非常简单。

流程如同公路一样需要分类管理

公路需要分类管理

　　流程需要分类分级,比如采购流程,可以根据采购对象的不同,分为五金原料采购流程和办公用品采购流程等。

　　公路亦同,根据交通量及其使用任务、性质分为一级、二级、三级、四级公路。根据城市道路在道路网中的地位、交通功能以及对沿线建筑物的服务功能,城市道路又分为主干路、次干路等。

第八章 流程与公路

流程设计要满足多个管理目的

公路可以设计得很长，只要有需要

流程设计要兼顾客户需求、效率、风险等多个要素，比如很多企业的合同审批流程与采购流程一般都比较长，从风险管控的角度看是必要的，否则可能一个合同的失误就吃掉了一个事业部大半年的利润。

公路也是一样，并不是所有的公路都要直线设计，而要考虑所处的环境。

每个流程都有名字

每条公路都有名称

每个流程都有其名字,而且要准确表达流程的管理范围和内容,否则在推广及管理方面都会存在问题。AMT咨询有一个C TO C端到端流程,即Contract TO Cash,以合同洽谈为起点,到项目完成收款为终点。

公路也一样,每条公路都有名称,比如京港澳高速公路,从名字上我们可以很容易知道此条高速公路是连接北京、香港、澳门的高速公路。

流程都有起终点

公路的入口与出口

流程都有起点和终点,公路也是一样,有明确的入口和出口。

流程有节点,公路有路标

公路的节点路标

每个流程都由很多节点连接而成,每一个流程节点都由相关部门和岗位来完成。

公路也是一样,每一个节点都会指向途经区域及下一个地点。

流程与公路都可并行设计

公路的并行道

很多企业流程设计是串行的,其实很多流程应该尽量按照并行的思路设计,否则会严重影响流程效率。比如合同审批,可能有几条审批分支线,如核算、业务、信用等。

公路的设计也很类似,会设计多条并行道。

流程有其上下端

公路的上下端连接

　　企业流程体系应该是连续的,否则就会存在断点,出现管理的盲点,而且每一个流程都应该说明与其他流程的关系,特别是上下端流程的关系,并明确接口。

　　公路网也是一样,每一条公路与其他公路都是可以贯通的,并且要做到无缝衔接。

流程设计要考虑管理对象

公路中的绿色通道

很多企业流程以通用类流程为主,这样不但管理精细化不够,而且会影响管理的效率。比如办公用品的采购与生产原料的采购,很明显在采购金额、风险大小、及时性等各方面是不一样的,所以应该针对办公用品的采购做简单设计。

为了加快鲜活农产品的区域调配,很多高速公路都设置了鲜活农产品运输绿色通道。

流程设计要体现管理原则

公路的限行原则

有些流程设计是有明确管理原则的,比如大于500万元的合同与小于50万元的合同可能需要不同的审批流程管理。

公路也是如此,有些公路对可通行的车辆进行严格的限制。

流程需要知识

公路上的温馨提示

流程运行久了,总会有些经验点,经验点有助于减少流程事故。所以,流程制度不仅仅是画一个流程图,更重要的是要把流程涉及的知识比较 checklist 等建立齐全,这样流程才是鲜活的、有生命力的。

公路也是一样,在一些容易发生事故的地方,以及特殊情况下应如何确保安全都有一些经验点,这些经验点对于风险控制非常重要。

流程设计要考虑负载

公路设计要考虑车流量

　　流程设计要根据负载进行调整,流程效率低,往往有可能是因为在一些环节出现了瓶颈,比如企业领导审批点经常耽误时间,这个时候企业一是要明确界定各管理人员的审批时效,二是通过一些手机终端等解决问题。还有一些流程堵塞是因为流程设计的问题出现重复退单,这个时候需要优化相应环节重复疏导瓶颈点。还有一些流程需要通过调整其他管理要素,比如增加订单处理人员,或者通过流程信息化提高流程处理能力。

　　公路设计也要考虑车流量,以免存在过多的排队等候时间,造成堵塞。

借助 IT 系统，流程可以实现自动批量处理

电子不停车收费系统

借助 IT 系统，流程可以实现流程间的无缝衔接，而且还可以实现流程的自动批量处理，比如通过自动开票系统，可以自动触发并选择符合条件的订单完成开票工作，再比如借助 BI 系统，可以自动完成流程绩效数据的统计。

公路也可以借助"电子不停车收费系统"实现高速公路的效率提升。

流程要设置关键控制点

公路上的测速设备

为了控制流程风险,需要设置一些关键控制点,并制定各种监控措施。同样,公路上会在关键路段安装测速设备。

流程需要审计

公路上的停车检查

没有检查就没有执行,所以流程一定要定期审计,以防有越轨者。公路也要做一些停车检查,以起到威慑作用,并对违规者纠偏甚至处罚。

流程要持续优化

公路的维修保养

　　流程设计好后,随着内外部环境的变化,流程需要不断地优化以适应客户需求的变化,而且要及时完善以堵住风险。

　　公路也需要不断养护,但要注意在养护的同时做好应急方案。

不能一味 BPI，要追求 BPR

BRT 车道

BRT 车道设计理念相对传统道路设计有其颠覆性，取得的效果也非常明显，流程也是一样，持续地流程优化有时候不能应对客户需求的剧变，流程有时候也需要进行重组。

BRT 车道在设计方面具备很多颠覆性理念：
- 设立公交车专用道，在其他车道拥挤的情况下，公交车道依然可以实现快速的人流吞吐，提高了道路端到端能力；
- 不在公车上缴费，而是提前在站台完成缴费，这样极大地提高了效率；
- 没有"前门上后门下"，可以"前后门同上同下"；
- IT 应用实现了通过电子护栏做到上下有序，并且更加安全；
- IT 应用实现了提前预知车次到达时间；
- IT 应用可以实现对车流的监控和更加有效的管理；
- 各种软硬环境的改变，使得运行加长公车成为可能，提高了客流吞吐量；
- 实现了客流和行人流及商流的分离，更加安全便捷。

Appendix

附录　推荐书籍

很多希望学习流程管理的朋友经常让我推荐一些书籍。

学习流程理论必须好好研读流程管理理论鼻祖迈克尔·哈默的书《企业再造》《超越再造》《再造奇迹》，这几本书要不断地精读，流程管理的很多理论和思路都源于此。另外，推荐 AMT 推出的一系列流程管理书籍：

- 《流程管理(第 1—4 版)》(第 4 版更名为《流程革命 2.0》)，这是中国流程管理第一人王玉荣老师的系列丛书，这个系列的读者群体定位是公司高层，他们是企业内"有远见的领导"，所以此系列书更强调流程对企业的整体价值；
- 《跟我们做流程管理》，此书为笔者和陈立云先生合著，这本书的读者群体定位是流程管理专业部门或团队，他们是"会推动的明白人"，所以此书强调专业、系统、可操作性及实战性。
- 《图说流程管理》，则主要面向企业全体中层经理，他们是"业务的设计者、流程的执行者"，所以此书强调最通俗、最直观、最能拿来就用于本职工作。

另外，笔者还会推荐一两本看似与流程管理没关系的书：大前研一的《思考的技术》或者拉塞尔的《麦肯锡意识》都可以，这类书可以锻炼一个人思考问题及解决问题的能力，而这恰恰是流程工作必备的技能。

当然，如果想完全驾驭流程管理这个管理工具，离不开对其他管理工具的了解，毕竟流程管理仅仅是企业管理的一个维度而已，所以必须加强对战略、组织、IT、绩效、文化等各方面知识的积累和修养，然后才能真正做到融会贯通，否则很容易产生流程是万能的错觉。

附录 推荐书籍

后记　流程管理的未来

如果说哈默和钱皮的《企业再造》宣告流程理论正式诞生的话,那么流程理论的发展则非常迅速,而且大家对流程的理解也在不断转变。

第一个转变就是从流程重组到流程管理。流程理论发展的初期更多应用于变革与再造,后来大家意识到流程本身作为一个管理对象进行生命周期管理更为重要,进而完成了从单纯的流程重组 BPR 到流程管理 BPM 的认识跨越。

第二个转变是从狭义流程到广义流程的转变,即从单纯的流程管理到以流程为导向的管理的转变。很多企业在应用流程理论初期时,往往就流程而流程,结果往往适得其反,不但没取得实效,反而一度出现了"过街老鼠人人喊打"的局面,这让很多专业从业者甚是困惑。慢慢地大家意识到流程管理的价值最核心的还是要解决业务问题取得实效,而要想解决业务问题,流程管理仅仅是工具之一,流程一定要整合其他管理工具,比如战略、组织、绩效、IT、人力资源等。而且,流程与其他管理工具的融合对流程理论本身的发展至关重要,比如流程审计、流程绩效管理等都是企业不断研究的新领域。

第三个转变是从单个流程到端到端流程管理的转变。随着流程理论在企业的实践,端到端流程管理的重要性逐渐被大家认识并接受。我们在为很多企业服务的过程中,很多企业家越来越希望从端到端视角解决业务问题,虽然他们可能还不知道什么是端到端,但他们会本能地表达同样的需求,"我们有很多小而短的流程,由各个部门以部门利益为导向分别制定,这样流程出现了很多断点和重复,甚至冲突,现在我们希望设计更多大而长的流程"。

流程理论日新月异,笔者对流程管理的未来充满信心。谈及流程管理的未来,我们不妨先看看以下两个现象:

第一个现象就是流程管理职能被越来越多的企业认可。越来越多的企业组织开始设置流程管理专业职能,甚至包括一些政府机构也已经引入了流程管理工具。

第二个有意思的现象则是笔者在给企业提供咨询服务过程中体会到的。在与客户高层及各部门做调研访谈时,如果你的问题是:"你认为目前公司存在的核心问题是什么?"那么最有可能的答案就是有关部门协同的,用客户的话来说就是:"各个部门都很能干,部门内的事情也都能做得非常漂亮,但只要涉及跨部门协作,什么事都做不成。"

不知道你从这两个现象中体会到什么?笔者的解读是企业对协同的需求如饥似渴。

科层制对于组织的重要性毋庸置疑,而且这种模式对组织运作专业分工及决策系统的价值至今仍无可替代,而且未来仍会举足轻重。但是,科层制在横向打通方面却无能为力,而现代经济的发展对组织提出的更直接的要求就是,组织要具备以客户为导向提供端到端服务的能力,这是科层制的局限所在,也是众多企业深感困惑之处,但这恰恰是流程管理所擅长的。如果说之前的企业管理重在研究纵向决策和专业分工的话,未来企业管理研究的重心将是横向协同。这对流程管理理论的发展是个好消息,基于此种判断,笔者认为流程管理对组织发展越来越重要,而且会在未来大放异彩。

笔者看好流程管理理论的发展,但笔者对流程管理在目前中国企业中的发展现状感到忧心。由于经常收到企业发出的做流程管理方面的咨询或培训的邀请,因此有机会了解各企业推行流程管理的情况,可喜的是越来越多的企业认可流程管理的价值并已经制订了流程推行计划或正在实施。但对流程的认识和实施思路方面普遍存在很多误区,比如某企业分管流程工作的部门负责人对笔者说:"今年由我们部门组织各部门梳理流程,我们最终的目的就是希望梳理完后各部门真正成为流程的主人,主动并持续做流程优化工作。"听得我胆战心惊,当听过太多企业表达类似的看法后,笔者知道从实践的角度,目前流程管理在国内的发展仍处于初级阶段,企业并没有真正理解流程管理的价值,也没有掌握流程管理推广的方法。

目前,国内大多数企业流程管理工作仍处于宣传基本理念和显性化流程的初级阶段,以价值为导向的流程管理机制并没有建立。原因是多方面的:首先,有些企业特别是国有企业流程管理工作多是自上而下的行政行为推动,最终多以短期阵风运动和政绩工程结束,笔者称之为假流程运动;其次,流程管理团队缺乏对流程价值的理解,流程管理本质上还是业务管理,所以要求企业围绕业务及价值产出推行流程工作,但很多企业流程管理团队还把自己定位于管理流程文件，而没有围绕业务本身及组织优化开展，甚至没有意识到深入业务一线的必要性，如刚才案例所讲，流程管理专业团队总是希望别人自觉自发完成，而缺乏对自身角色的准确定位；另外，流程管理准确地说是以流程为主线的管理，所以流程管理工作是组合拳，要结合各种管理手段才能发力，比如结合组织、绩效、IT技术、供应链等管理工具，一味地在公司内部推行纯粹的专业流程管理工作得不到业务部门认可就可想而知了。

  流程管理理论之于组织的重要性会越来越高，但能否快速带来价值值得所有流程管理从业者重新审视自身的定位，并更加务实、更加主动，以客户为导向服务企业内部客户，摒除专业，先以价值为导向推动流程优化工作是流程管理方法在组织内最终生根发芽的必由之路。请记住，只有公司高层及业务部门能从流程管理工作上受益，流程文化才能真正在企业生根发芽，流程管理专业团队因他们的成功而获得成功。

金国华 谢林君

2013 年 2 月